Кулінарна книга «Корисний дикий рис».

Відкрийте для себе багатий і поживний світ дикого рису з понад 100 смачними та легкими у приготуванні рецептами сніданку, обіду, вечері та перекусів

Віра Михайлюк

Матеріал авторського права ©202 3

Всі права захищені

Без належної письмової згоди видавця та власника авторських прав цю книгу не можна використовувати або розповсюджувати в будь-якій формі, за винятком коротких цитат, використаних у рецензії. Цю книгу не слід розглядати як заміну медичної, юридичної чи іншої професійної консультації.

ЗМІСТ

ЗМІСТ 3
ВСТУП 7
1. Курка естрагон з манжету та диким рисом 9
2. Басматі та дикий рис з нутом, смородиною та травами ... 11
3. Дикий рис і Чилі Занурення 14
4. Пшоно, дикий рис і гранат 16
5. Травяний дикий рис 18
6. Лосось Crush Crunch 20
7. Голубці з диким рисом 22
8. Плов з дикого рису, капусти та нуту 24
9. Ефіопський плов з дикого рису 26
10. Сирна рисова запіканка з куркою та брокколі 28
11. Каджунська качка з диким рисом 31
12. Вертушки з дикого рису та курки 34
13. Фруктово-горіховий рисовий салат 37
14. Салат з плодів білого та дикого рису 39
15. Легкий плов з дикого рису 41
16. Збір салату 43
17. Крем з грибів і дикого рису 46
18. Запіканка з рисом і зеленню чилі 49
19. Дикий рис і курка 51
20. Оладки з рисом, баклажанами та фетою 53
21. Тайський салат з темпе 56
22. Кіноа фаршировані кабачки 58
23. Різотто з дикого рису та грибів 60
24. Салат з дикого рису 62
25. Овочевий суп із зеленню петрушки 66

26. Миски з лимонною брюссельською капустою та фрикадельками з індички 68

27. Теплі осінні миски з куркою та диким рисом 71

28. Брюссельська капуста з білим вином 74

29. Дикий рис з кіноа 77

30. Суп з дикого рису 79

31. Салат з дикого рису, броколі та помідорів 81

32. Плов з сочевиці 83

33. Лужний курячий суп з ендівієм 85

Суп 87

35. Пастуший пиріг з сочевицею з диким рисом 89

36. Запіканка з дикого рису, мангольду та білої квасолі 92

37. Кабачок з жолудів, усипаний фруктами, фаршированих диким рисом 95

38. Фаршированих диким рисом болгарський перець з крес-салатом і апельсином 97

39. Смажена цвітна капуста та цибуля-шалот з диким рисом 100

40. Грецький салат з дикого рису та курки 102

41. Буханка з квасолі, дикого рису з солодкою картоплею та грибами 105

42. Смажені з куркумою овочеві чаші 108

43. Тайський салат з кіноа 111

44. Салат з проростками дикого рису 113

45. Плов з гарбуза і рису 115

46. Миски з гарбузом і капустою 117

47. Гірко-солодкі чаші з цитрусовими та лососем 119

48. Буряк, гранат і брюссельська капуста 122

49. Бекон, цибуля-порей, чебрець Дикий рис 125

50. Овочі та дикий рис 127

51. Салат з дикого рису з пестo із запашного горошку 129

52. Миски для живлення солодкої картоплі 131
53. Тайські курячі чаші Будди 133
54. Овочевий суп з дикого рису 136
55. Змішаний перець чилі 138
56. Перський гранатовий суп 140
57. Теплий салат з шиітаке і дикого рису 142
58. Різотто з дикого рису 144
59. Баранина, дикий рис і абрикосовий тажин 146
60. Суп з куркою та диким рисом 148
61. Різотто з дикого рису та гарбузом 150
62. Бабусин сільський суп з яловичини та дикого рису 153
63. Вівсяні фрикадельки з дикого рису 155
64. Різотто з дикого рису зі спаржею та грибами 157
65. Рагу з дикого рису та зимових овочів 159
66. Плов з дикого рису з морквою, волоськими горіхами та родзинками 161
67. Дикий рис з корицею та персиками 163
68. Смажена курка з помідорами 165
69. Суп з куркою та диким рисом 167
70. Тушкована риба з перцем чилі 169
71. Салат із зеленню та насінням 171
72. Миски для овочів і дикого рису 173

Салат 175

74. Сирний салат з дикого рису 177
75. S сьомга і Сніданок 179
76. Салат з кабачків, мікрозелені та дикого рису 181
77. Мікрозелений салат з дикого рису 183
78. Салат з дикого рису 185
79. Салат з фузілі з дикого рису та помідорів 187
80. Ягідний салат з дикого рису 189

81. Чаша Будди з нутом і диким рисом 191
82. Смажений дикий рис з овочами 193
83. Чаша з гуакамоле та 195
84. Чаша Будди з нутом і диким рисом 198
85. Шафран дикий рис і салат з буряка 201
86. Чорна квасоля і салат з дикого рису 203
87. Салат Цитрусовий дикий рис 205
88. Амарант і Салат з дикого рису 207
89. Баклажани з диким рисом 209
90. Літній салат «Дикий рис» 211
91. Дикий рис з нагетсами темпе 213
92. Салат табуле з дикого рису 215
93. Ensalada con Wild Rice 217
94. Фенхель Дикий рис салат 219
95. Салат Ріо Гранде Дикий рис 221
96. Фруктовий дикий рисовий салат 223
97. Салат «Дикий рис» 225
98. Фруктовий салат «Мятий дикий рис» 227
99. Салат з м'ятним апельсином і диким рисом 229
100. Салат з дикого рису та креветок 231

ВИСНОВОК 233

ВСТУП

Ласкаво просимо до «Кулінарної книги дикого рису», де ви відкриєте для себе смачний і поживний світ дикого рису. У цій кулінарній книзі ми зібрали понад 50 рецептів, які відрізняються унікальним горіховим смаком дикого рису. Від сніданку до десерту ви знайдете широкий вибір страв, які демонструють цей універсальний інгредієнт.

Дикий рис був основною їжею індіанських громад протягом століть, і неважко зрозуміти чому. Дикий рис не тільки смачний, але й багатий поживними речовинами. Одна чашка вареного дикого рису містить 6 грамів білка, 3 грами клітковини та необхідні мінерали, такі як магній і фосфор. Він також природно не містить глютену та має низький вміст жиру.

У «Кулінарній книзі з дикого рису» ви знайдете рецепти класичних страв, таких як суп з дикого рису, плов з дикого рису та запіканка з дикого рису. Але ми також включили більш креативні та сучасні рецепти, як-от гарбуз, фарширований диким рисом, різотто з дикого рису та грибів і пудинг з дикого рису. Ми навіть включили рецепти страв для сніданку, таких як млинці з дикого рису та чорниці та миска для сніданку з дикого рису.

Але «Кулінарна книга з дикого рису» — це не лише рецепти. Ми також включили інформацію про харчові переваги дикого рису, а також поради щодо приготування їжі з цим унікальним інгредієнтом. Чи знаєте ви, що дикий рис технічно зовсім не рис, а різновид трави? Або що дикий рис можна використовувати замість білого майже в будь-якому рецепті?

Незалежно від того, чи ви досвідчений шеф-кухар, чи тільки починаєте працювати на кухні, у «Кулінарній книзі дикого рису» знайдеться щось для кожного. Наші рецепти прості у виконанні та містять інгредієнти, які можна знайти в більшості продуктових магазинів. А завдяки поживним властивостям дикого рису ви можете відчувати себе добре від того, що кладете на тарілку.

Тож чому б не спробувати щось нове та додати своїм стравам поживних і ароматних відтінків за допомогою Кулінарної книги з дикого рису? Ця кулінарна книга з рецептами на будь-який випадок і порадами щодо включення дикого рису в свій раціон обов'язково стане улюбленою на вашій кухні!

1. Курка естрагон з манжету та диким рисом

Робить: 1 порція

ІНГРЕДІЄНТИ:
- 20 г суміші дикого рису
- сіль
- перець
- 40 г цукрового горошку
- 1 курячий шніцель (приблизно 150 г)
- 1 маленький зубчик часнику
- 4 стебла естрагону
- 1 столова ложка лимонного соку
- 1 столова ложка олії
- Рожеві ягоди для прикраси

ІНСТРУКЦІЇ:
a) Рис приготувати в киплячій підсоленій воді згідно з інструкцією на упаковці.
b) Манжету помити і очистити .
c) М'ясо промити і обсушити.
d) Часник почистити і дрібно нарізати.
e) Промийте естрагон, обсушіть і дрібно наріжте.
f) Часник і естрагон змішати з лимонним соком — приправити сіллю і перцем.
g) Перевертаємо м'ясо в маринаді. На невеликій сковороді розігріти олію. Обсмажити м'ясо з кожного боку приблизно по 2 хвилини на середньому вогні, залишити в теплі.
h) Перетворіть манжету в жир для смаження. Деглазуйте 75 мл води. Тушкуйте приблизно 5 хвилин, приправте сіллю і перцем.
i) Злийте рис.
j) Викладаємо курячий ескалоп з манжету і рисом на тарілку і прикрашаємо рожевим перцем.

2. Басматі та дикий рис з нутом, смородиною та травами

Робить: 6

ІНГРЕДІЄНТИ
- ⅓ склянки / 50 г дикого рису
- 2½ столові ложки оливкової олії
- округлений 1 чашка / 220 г рису басматі
- 1½ склянки / 330 мл окропу
- 2 чайні ложки насіння кмину
- 1½ чайної ложки порошку каррі
- 1½ склянки / 240 г вареного та відцідженого нуту (консервований підійде)
- ¾ склянки / 180 мл соняшникової олії
- 1 середня цибулина, тонко нарізана
- 1½ чайної ложки борошна універсального призначення
- ⅔ склянки / 100 г смородини
- 2 ст.л. подрібненої листової петрушки
- 1 ст.л подрібненої кінзи
- 1 ст.л подрібненого кропу
- сіль і свіжозмелений чорний перець

ІНСТРУКЦІЯ

a) Почніть з того, що покладіть дикий рис у невелику каструлю, залийте великою кількістю води, доведіть до кипіння та залиште варитися приблизно на 40 хвилин, поки рис не звариться, але все ще буде досить твердим. Злийте воду і відкладіть.

b) Щоб приготувати рис басматі, налийте 1 столову ложку оливкової олії в середню каструлю з щільно закритою кришкою і поставте на сильний вогонь. Додайте рис і ¼ чайної ложки солі та помішуйте, поки ви розігрієте рис. Обережно додайте окріп, зменшіть вогонь до самого мінімуму, накрийте каструлю кришкою і дайте варитися 15 хвилин.

c) Зніміть каструлю з вогню, накрийте чистим кухонним рушником, потім кришкою і залиште вогонь на 10 хвилин.

d) Поки вариться рис, підготуйте нут. Розігрійте решту 1½ столової ложки оливкової олії в маленькій каструлі на сильному вогні. Додайте насіння кмину та порошок каррі, зачекайте пару секунд, а потім додайте нут і ¼ чайної ложки солі; переконайтеся, що ви робите це швидко, інакше спеції можуть підгоріти в олії. Помішуйте на вогні одну-дві хвилини, щоб нагріти нут, а потім перекладіть у велику миску.

e) Протріть каструлю, налийте соняшникової олії і поставте на сильний вогонь. Переконайтеся, що масло гаряче, кинувши в нього невеликий шматочок цибулі; він повинен сильно шипіти. Руками перемішайте цибулю з борошном, щоб трохи покрити її. Візьміть трохи цибулі й обережно (вона може плюнути!) помістіть її в олію. Смажте 2-3 хвилини до золотистої скоринки, потім перекладіть на паперові рушники, щоб стекло, і посипте сіллю. Повторюйте порціями, поки не обсмажиться вся цибуля.

f) Нарешті додайте до нуту обидва види рису, а потім додайте смородину, зелень і смажену цибулю. Перемішайте, спробуйте, додайте сіль і перець за бажанням. Подавати теплим або кімнатної температури.

3. Дикий рис і Чилі Dip

Робить: 4 до 6 порцій

ІНГРЕДІЄНТИ:
- 12 унцій з приготований сочевиця
- 1/4 чашка бездріжджовий рослинний бульйон
- 1/4 чашка подрібнений зелений дзвоник перець
- 1/2 гвоздика часник, натиснутий
- 1 чашка кубиками помідори
- 1/4 чашка подрібнений цибуля
- 2 унцій вершки Сир
- 1/2 столова ложка чилі порошок
- 1/2 чайна ложка кмин
- 1/4 чайна ложка море сіль
- Тире паприка
- 1/2 чашка приготований дикий рис

ІНСТРУКЦІЯ

a) в а маленький соус каструля, готувати в сочевиця і рослинний бульйон.

b) додати в цибуля, дзвоник перець, часник, і помідори і готувати для 8 хвилин закінчено середній тепло.

c) в а блендер, комбайн вершки сир, чилі порошок, кмин, і море сіль поки гладкий.

d) Комбінуйте в рис, крем сир суміш, і сочевиця рослинний змішувати в а великий змішування чаша і підкинути Ну.

4. Пшоно, дикий рис і гранат

Інгредієнти

- 2 склянки вареного дикого рису
- 1 чашка листкового мілле т
- 1/2 склянки шматочків граната
- 5-6 листків каррі
- 1/2 чайної ложки насіння гірчиці
- 1/2 чайної ложки насіння кмину
- 1/8 чайної ложки асафетиди
- 5 чайних ложок олії
- Цукор за смаком
- Сіль за смаком
- Свіжий або сушений кокос - подрібнений
- Свіже листя коріандру

Напрямки

1. Розігріти олію і додати зерна гірчиці.
2. Коли вони спливуть , додайте насіння кмину, асафетиду та листя каррі.
3. Додайте олію , суміш спецій, цукор і сіль.
4. Додайте пшоно і дикого рису і варити 20 хв.
5. За бажанням подавайте з коріандром і кокосом.

5. Травяний дикий рис

Робить: 8

ІНГРЕДІЄНТИ:
- 3 склянки дикого рису, промити і осушити
- 6 склянок смаженого овочевого бульйону
- ½ чайної ложки солі
- ½ чайної ложки сухого листя чебрецю
- ½ чайної ложки сухого листя базиліка
- 1 лавровий лист
- ⅓ склянки свіжої листової петрушки

ІНСТРУКЦІЇ:
a) У мультиварці на 6 літрів змішайте дикий рис, овочевий бульйон, сіль, чебрець, базилік і лавровий лист.
b) Закрити і варити на повільному вогні 4-6 годин.
c) Ви можете готувати цю страву довше, поки дикий рис не схопиться, приблизно від 7 до 8 годин.
d) Вийміть і викиньте лавровий лист.
e) Додайте петрушку та подавайте.

6. Salmon Crush Crunch

Робить: 2 порції

ІНГРЕДІЄНТИ:
- 1 чашка вареної кіноа або дикого рису
- 3 чайні ложки оливкової олії, розділити
- 2 склянки дитячого шпинату
- 1 філе сьомги
- 1 склянка нарізаної кубиками брокколі
- 1 чайна ложка насіння льону або кунжуту

ІНСТРУКЦІЇ:
a) Натріть лосось 1 чайною ложкою оливкової олії.
b) Розігрійте сковороду, додайте лосось і збільште вогонь.
c) Готуйте 3 хвилини, потім переверніть і готуйте ще 4 хвилини або до тих пір, поки він легко розшарується виделкою. Відкласти в сторону.
d) Нагрійте решту 2 чайні ложки оливкової олії в тій же сковороді на середньому вогні.
e) Додайте шпинат і брокколі і варіть, поки шпинат не зів'яне, а брокколі не стане м'якою.
f) Додайте кіноа або рис.
g) Додайте насіння льону або кунжуту.
h) Сьомгу подрібніть на сковороді виделкою.
i) Все з'єднайте і подавайте.

7. Голубці з диким рисом

ПОДАЧІ 6
1 великий качан савойської капусти, розділений на окремі листочки
1 велика жовта цибулина, очищена і нарізана дрібними кубиками
2 моркви, очищені і дрібно нарізані
2 стебла селери, нарізані дрібними кубиками
2 зубчики часнику, очищені і подрібнені
1 столова ложка подрібненого шавлії
¼ склянки сухого хересу
3 склянки вареної суміші дикого рису
Сіль і свіжозмелений чорний перець за смаком
½ склянки овочевого бульйону або овочевого бульйону з низьким вмістом натрію
2 чашки томатного соусу

1. Доведіть каструлю з підсоленою водою до кипіння. Бланшуйте листя капусти в киплячій воді 5-6 хвилин. Вийміть їх з каструлі і промийте, поки не охолонуть. Відкласти.
2. Помістіть цибулю, моркву та селеру у велику каструлю та пасеруйте на середньому вогні 7-8 хвилин. Додавайте воду по 1-2 столових ложки за раз, щоб овочі не прилипали до сковороди. Додайте часник і шавлія і варіть 3 хвилини. Додайте херес і варіть, поки рідина майже не випарується. Зніміть сковороду з вогню, додайте дикий рис, приправте сіллю та перцем.
3. Розігрійте духовку до 350°F.
4. Покладіть 2 листи капусти один до одного з нахлестом на ½ дюйма. Помістіть ½ склянки рисової начинки в центр листа. Складіть листя з боків на начинку, потім скачайте її в циліндр. Покладіть рулет швом донизу у форму для випікання 9 × 13 дюймів. Повторюйте, доки не буде використано всю начинку, залишаючи залишки листя для іншого використання. Додайте овочевий бульйон у форму для запікання, накрийте алюмінієвою фольгою та запікайте 10 хвилин. Зняти кришку і полити голубці томатним соусом. Випікати ще 15 хвилин.

8. Плов з дикого рису, капусти та нуту

ПОДАЧІ 4
½ склянки дикого рису
1 середня цибулина, очищена і нарізана дрібними кубиками
1 середня морква, очищена і натерта
1 маленький червоний болгарський перець, очищений від насіння і нарізаний дрібними кубиками
3 зубчики часнику, очищені і подрібнені
1 столова ложка тертого імбиру
1½ склянки нашаткованої зеленої капусти
1 склянка вареного нуту
1 пучок зеленої цибулі (біла і зелена частини), тонко нарізати
3 столові ложки подрібненої кінзи
Сіль і свіжозмелений чорний перець за смаком

1. Доведіть 2 склянки води до кипіння у великій каструлі. Додайте рис і знову доведіть воду до кипіння на сильному вогні. Зменшіть вогонь до середнього і варіть рис під кришкою 55-60 хвилин. Злийте зайву воду та відкладіть.
2. Розігрійте велику сковороду на середньому вогні. Додайте цибулю, моркву та червоний перець і пасеруйте овочі 10 хвилин. Додавайте воду по 1-2 столових ложки за раз, щоб овочі не прилипали до сковороди. Додайте часник і імбир і варіть ще хвилину. Додайте капусту і варіть 10-12 хвилин або поки капуста не стане м'якою. Додайте нут, зелену цибулю та кінзу. Приправити сіллю та перцем і варити ще хвилину, щоб нут нагрівся. Зніміть з вогню, додайте зварений дикий рис і добре перемішайте.

9. Ефіопський плов з дикого рису

ПОДАЧІ 4
2 середніх цибулі-порею (біла і світло-зелена частини), нарізати кубиками і промити
2 зубчики часнику, очищені і подрібнені
¾ чайної ложки суміші спецій Berbere або за смаком
4 склянки вареної суміші дикого рису
2 чашки варених бобів адзукі або одна банка 15 унцій, осушити та промити
Цедра 1 апельсина
Сіль і свіжозмелений чорний перець за смаком
4 зелені цибулі (біла і зелена частини), тонко нарізані

Помістіть цибулю-порей у велику каструлю і обсмажте на середньому вогні 10 хвилин. Додайте воду по 1-2 столові ложки за раз, щоб цибуля-порей не прилипав до сковороди. Додайте часник і варіть 2 хвилини. Додайте спеції бербере і варіть 30 секунд. Додайте рис, квасолю та апельсинову цедру та приправте сіллю та перцем. Варіть, поки суміш не нагріється. Прикрасити зеленою цибулею.

10. Сирна рисова запіканка з курки та брокколі

ІНГРЕДІЄНТИ

- 1 упаковка (6 унцій) суміші довгозернистого та дикого рису
- 3 столові ложки несоленого вершкового масла
- 3 зубчики часнику, подрібнити
- 1 цибулина, нарізана кубиками
- 2 склянки грибів креміні, нарізаних четвертинками
- 1 стебло селери, нарізане кубиками
- ½ чайної ложки сушеного чебрецю
- 1 столова ложка манного борошна
- ¼ склянки сухого білого вина
- 1 ¼ склянки курячого бульйону
- Кошерна сіль і свіжозмелений чорний перець за смаком
- 3 склянки суцвіть брокколі
- ½ склянки сметани
- 2 склянки залишків подрібненої курки на грилі
- 1 чашка подрібненого знежиреного сиру чеддер, розділена
- 2 столові ложки нарізаного свіжого листя петрушки (за бажанням)

ІНСТРУКЦІЯ

a) Розігрійте духовку до 375 градусів F.

b) Зваріть рисову суміш відповідно до інструкції на упаковці; відкласти.

c) Розтопіть масло у великій жароміцній сковороді на середньому сильному вогні. Додайте часник, цибулю, гриби та селеру та готуйте, періодично помішуючи, до готовності 3-4 хвилини. Додайте чебрець і варіть до появи аромату приблизно 1 хвилину.

d) Збийте борошно до злегка коричневого кольору, приблизно 1 хвилину. Поступово влийте вино і бульйон. Варіть, постійно помішуючи, до злегка загустіння, 2-3 хвилини; приправити сіллю і перцем за смаком.

e) Додайте брокколі, сметану, курку, ½ склянки сиру та рис. Якщо ви заморожуєте запіканку для подальшого використання, зупиніться тут і перейдіть до кроку 7. В іншому випадку посипте рештою ½ склянки сиру.

f) Перемістіть сковороду в духовку і запікайте, поки запіканка не стане пухирчастою і не розігріється, 20-22 хвилини. Подавайте негайно, прикрасивши за бажанням петрушкою.

g) Заморозити.

11. Каджунська качка з диким рисом

Склад: 1 порція

ІНГРЕДІЄНТИ:
2 Вода, галони
¾ столової ложки часнику, гранульованого
¾ чайної ложки солі
¼ чайної ложки кайенского перцю
¼ чайної ложки шавлії
½ столової ложки запашного перцю, цілого
¼ чайної ложки цибульного порошку
⅛ чайної ложки перцю білого
⅛ чайної ложки файлу Gumbo
2½ склянки нарізаної селери
1½ склянки нарізаної моркви
1 чашка червоного перцю, нарізаного
1 чашка олії

РУ
½ склянки борошна
¾ склянки основи для курячого супу
1 склянка рису, білого, сирого
По 1 качці
1½ столової ложки приправи

СУМІШ СПЕЦІЙ
½ чайної ложки паприки
¼ чайної ложки часнику, гранульованого
1 столова ложка насіння кмину
3 лаврові листки
⅛ чайної ложки чебрецю
⅛ чайної ложки перцю чорного

ОВОЧІ
2 склянки цибулі, нарізаної
1 чашка зеленого перцю, нарізаного

КАДЖУН РУ
1 чашка борошна
¼ фунта вершкового масла, несолоного

ГУМБО

½ склянки рису, дикого, сирого
з'єднати качиний жир і сало

Від качки викинути потрухи. Напередодні приготуйте бульйон, довівши всі інгредієнти до кипіння і варіть 3 години. Процідіть, залиште запас і охолодіть на ніч. Видаліть жир із бульйону та залиште для каджунського ру. Качку звільніть від кісток і наріжте м'ясо шматочками. Змішайте інгредієнти суміші спецій і відкладіть.

Додайте воду до бульйону, щоб отримати 1-¾ галонів. Додайте в бульйон всі овочі, крім 1 склянки, і доведіть до кипіння. Приготуйте Cajun Roux, нагріваючи інгредієнти до кольору арахісового масла. Додайте зарезервовані овочі та ½ Т. суміші спецій до Cajun Roux. До киплячого бульйону додайте Cajun Roux і решту суміші спецій.

Додайте супову основу та дикий рис у бульйон і тушкуйте 15 хвилин. Додати в суп білий рис і тушкувати 10 хвилин. Коли рис буде наполовину готовий, додайте загусник (спочатку з'єднайте та нагрівайте до однорідності) і варіть 10 хвилин. Зняти з вогню і викинути лавровий лист. На гарнір додати м'ясо і зелену цибулю.

12. Вертушки з дикого рису та курки

Робить: 6 порцій

ІНГРЕДІЄНТИ:
- 4 чайні ложки оливкової олії, розділити
- 2 склянки свіжого молодого шпинату, крупно нарізаного
- 2 зубчики часнику, подрібнити
- 2 склянки вареного дикого та коричневого рису
- 1/4 склянки в'ялених помідорів, подрібнених
- 1 чайна ложка свіжого розмарину, подрібненого
- 1 склянка подрібненого сиру Монтерей Джек
- 1/4 склянки підсмажених кедрових горіхів
- сіль і перець за смаком
- 3 великі курячі грудки без кісток, обрізані та подрібнені до товщини 1/4 дюйма
- 2 чайні ложки вершкового масла

ІНСТРУКЦІЇ:

a) Розігрійте духовку до 350 F.

b) У велику каструлю додайте 2 чайні ложки оливкової олії. Обсмажте 2 подрібнені зубчики часнику та 2 склянки нарізаного шпинату приблизно 2 хвилини, поки шпинат не зів'яне. Остудити кілька хвилин.

c) Додайте 2 склянки вареного дикого та коричневого рису, 1/4 склянки подрібнених в'ялених помідорів, 1 чайну ложку подрібненого розмарину, 1 склянку подрібненого сиру Монтерей Джек і 1/4 склянки підсмажених кедрових горіхів.

d) Приправити сіллю і перцем за смаком. Змішайте всі інгредієнти разом.

e) Подрібніть 3 великі курячі грудки без кісток до товщини 1/4 дюйма.

f) Покладіть на середину курячої грудки шматок начинки. Згорніть курку, закріпивши краї, і зав'яжіть кухонним шпагатом або зубочистками, щоб вони були закриті.

g) У велику каструлю додайте 2 чайні ложки вершкового масла та 2 чайні ложки оливкової олії. Нагрійте на середньо-високій температурі. Обсмажте курячі рулетики з усіх боків, приблизно по 2 хвилини з кожного боку.

h) Викласти курячі рулетики у форму для запікання і полити зверху соусом.

i) Випікайте без кришки 45 хвилин.

j) Наріжте курку кружальцями товщиною 2 дюйми.

13. Рисовий салат з фруктами та горіхами

Робить: 4 порції

ІНГРЕДІЄНТИ:
- 125-грамова суміш довгозернистого та дикого рису, варена
- 298 грам банки часточок мандарина,
- 4 ріпчастої цибулі, нарізаної по діагоналі
- ½ зеленого перцю, очищеного від насіння та нарізаного шматочками
- 50 грам родзинок
- 50 грамів кешью
- 15 грам лущеного мигдалю
- 4 столові ложки апельсинового соку
- 1 столова ложка білого винного оцту
- 1 столова ложка олії
- 1 щіпка мускатного горіха
- Сіль і свіжомелений чорний перець

ІНСТРУКЦІЇ:
a) Помістіть всі інгредієнти салату в миску і добре перемішайте.
b) В окремій мисці змішайте всі інгредієнти для заправки. Заправкою поливаємо салат, ретельно перемішуємо і перекладаємо на блюдо для подачі.

14. Салат з білого та дикого рису

Робить: 12 порцій

ІНГРЕДІЄНТИ:
- 1½ склянки сирого білого рису
- 1⅓ чашки дикого рису, новареного
- 1 чашка нарізаної селери
- 1 чашка зеленої цибулі, тонко нарізаної
- ¾ склянки сушеної журавлини
- ¾ склянки нарізаної кураги
- ¼ склянки курячого бульйону
- ¼ склянки червоного винного оцту
- ¼ склянки оливкової олії
- 2 чайні ложки діжонської гірчиці
- ½ чайної ложки солі
- ½ чайної ложки перцю
- 1 склянка пекан, підсмажених і нарізаних

ІНСТРУКЦІЇ:
a) Окремо зварити рис згідно з інструкцією на упаковці.
b) Добре злийте дикий рис. Коли охолоне, додайте селеру, зелену цибулю, сушену журавлину та курагу.
c) Накрити і поставити в холодильник.
d) Змішайте інгредієнти для заправки в закритій банці та добре струсіть. Поставте в холодильник. Струсіть заправку, щоб перемішати. Залийте рисовою сумішшю.
e) Додайте горіхи пекан і перемішайте.

15. Легкий плов з дикого рису

Робить: 3

ІНГРЕДІЄНТИ:
- 3/4 склянки дикого рису
- 1 1/2 склянки овочевого бульйону
- 2 стебла селери, нарізані кубиками
- 1 маленька морква, нарізана кубиками
- 1/2 чайної ложки сушеного чебрецю
- 1 лавровий лист

ІНСТРУКЦІЇ:
a) Промийте рис водою за допомогою дрібного ситечка.
b) Перекладіть рис у каструлю на ваш вибір, залежно від його розміру.
c) Накрийте кришкою і прогрійте 2-3 хвилини на середньому вогні. Зачекайте, поки рисові тости прибудуть. Часто помішуйте, щоб рис рівномірно підсмажився.
d) Додайте моркву, лавровий лист, чебрець, селеру та овочевий бульйон, коли рис пахне горіхом.
e) Накрийте каструлю кришкою і дайте їй закипіти. Зменшіть вогонь до слабкого і варіть рис не менше 20-25 хвилин.
f) Перед подачею дайте рису постояти кілька хвилин.

16. Урожай салату з качана

Інгредієнти

Заправка з маку
- ¼ склянки 2% молока
- 3 столові ложки майонезу оливкової олії
- 2 столові ложки грецького йогурту
- 1 ½ столової ложки цукру або більше за смаком
- 1 столова ложка яблучного оцту
- 1 столова ложка маку
- 2 столові ложки оливкової олії

Салат
- 16 унцій масляного гарбуза, нарізаного шматками розміром 1 дюйм
- 16 унцій брюссельської капусти, розрізаної навпіл
- 2 гілочки свіжого чебрецю
- 5 свіжих листків шавлії
- Кошерна сіль і свіжозмелений чорний перець за смаком
- 4 середніх яйця
- 4 скибочки бекону, нарізані кубиками
- 8 склянок подрібненої капусти
- 1 ⅓ склянки вареного дикого рису

Напрямки

a) ДЛЯ ЗАПРАВКИ: Змішайте молоко, майонез, йогурт, цукор, оцет і мак у маленькій мисці. Накрийте кришкою та поставте в холодильник до 3 днів.

b) Розігрійте духовку до 400 градусів F. Злегка змастіть деко маслом або антипригарним спреєм.

c) Викладіть патисони та брюссельську капусту на підготовлене деко. Додайте оливкову олію, чебрець і шавлія і обережно перемішайте, щоб з'єднати; приправити сіллю і перцем. Розкладіть рівним шаром і запікайте, один раз перевернувши, протягом 25-30 хвилин, доки вони не стануть м'якими; відкласти.

d) Тим часом помістіть яйця у велику каструлю і залийте їх холодною водою на 1 дюйм. Доведіть до кипіння і варіть 1 хвилину. Накриваємо каструлю щільно закривається кришкою і знімаємо з вогню; залиште на 8-10 хвилин. Добре процідіть і дайте охолонути перед тим, як очистити від шкірки та нарізати.

e) Розігрійте велику сковороду на середньому сильному вогні. Додайте бекон і готуйте до рум'яної скоринки та хрусткої скоринки, 6-8 хвилин; злити зайвий жир. Перекласти на тарілку, вистелену паперовим рушником; відкласти.

f) Щоб зібрати салати, помістіть капусту в контейнери для приготування їжі; зверху викладіть ряди кабачків, брюссельської капусти, бекону, яєць і дикого рису. Зберігається під кришкою в холодильнику 3-4 дні. Подавайте з маковою заправкою.

17. Крем з грибів і дикого рису

Склад: 1 порція

ІНГРЕДІЄНТИ:
● 7 столових ложок вершкового масла (розділити); (7/8 палички)
● 4 столові ложки борошна універсального призначення
● 1 склянка гарячого молока; (знежирене або 2%)
● 2 склянки овочевого бульйону; (розділений)
● ½ склянки нарізаної цибулі; (розділений)
● ½ чайної ложки паприки
● ½ чайної ложки меленого мускатного горіха; (про) (розділений)
● 3 склянки нарізаних печериць; (розділений) (тонко нарізаний)
● 1 лавровий лист
● ¼ склянки нарізаної селери
● 4 цілі гвоздики
● 1 склянка гарячого вареного дикого рису; (дотримуйтесь інструкцій на упаковці)
● 1 столова ложка подрібненої петрушки
● ¼ склянки білого сухого вина
● Сіль і перець; смакувати

ІНСТРУКЦІЇ:

a) Розтопіть 4 столові ложки вершкового масла у великій каструлі на повільному вогні. Додати борошно і варити 3 хвилини, постійно помішуючи. Повільно влийте гаряче молоко та 1 склянку бульйону. Варіть соус на повільному вогні, постійно помішуючи дерев'яною лопаткою, до однорідності приблизно 15 хвилин. В іншій каструлі розтопіть 1 столову ложку масла, що залишилося. Додайте ¼ склянки цибулі, паприку та ⅛ чайної ложки мускатного горіха та варіть 2 хвилини. Додайте до першої суміші та перемішайте, щоб з'єднати.

b) У тій самій сковороді обсмажте 2 склянки нарізаних грибів у решті 2 столових ложок вершкового масла. Додайте лавровий лист, решту ¼ склянки нарізаної цибулі, подрібнену селеру, гвоздику та решту 1 склянки бульйону. Накрийте кришкою і варіть на середньому вогні 10 хвилин.

c) Змішайте суміш у блендері або кухонному комбайні до однорідності, приблизно 1 хвилину.

d) Процідіть суміш грибів/селери через дрібне сито, а суміш борошна/молока — через друшляк. Викиньте шматочки овочів.

e) Поверніть обидві суміші у велику каструлю та з'єднайте. Варіть 5 хвилин на повільному вогні, помішуючи, поки суміш не стане однорідною.

f) Додайте рис, решту 1 склянки нарізаних грибів, петрушку та вино. За бажанням додайте сіль і перець. Вийміть лавровий лист, за бажанням посипте відкладеним мускатним горіхом і подавайте. Робить: 6-7 порцій.

18. Запіканка з рису та зелені чилі

Виготовлення: 4–6 порцій

ІНГРЕДІЄНТИ:
- 1 коробка (6 унцій) суміші довгозернистого та дикого рису швидкого приготування
- 1 стакан сметани
- 4 унції банки подрібненого зеленого чилі, злити
- 1 чашка тертого сиру чеддер
- 1 чашка тертого сиру Монтерей Джек

ІНСТРУКЦІЇ:
a) Приготуйте рис згідно з інструкцією на упаковці.
b) Розігрійте духовку до 350 градусів.
c) У мисці змішайте сметану і зелений перець чилі. Розкладіть половину звареного рису на дно змащеної маслом форми розміром 8x8 дюймів. Половину сметанної суміші викласти на рис. Зверху посипати половиною кожного сиру.
d) Покладіть рис, що залишився, на сир. Змастіть рис сметанною сумішшю, а потім посипте зверху залишками сиру.
e) Випікайте без кришки 15–20 хвилин або до появи пухирців.

19. Дикий рис і курка

Робить: 4 порції

ІНГРЕДІЄНТИ:
- 6,2 унції довгозернистого та дикого рису з приправами
- 1 ½ склянки води
- 4 курячі грудки без кісток і шкіри
- ½ чайної ложки сушеного базиліка
- ½ чайної ложки часникового порошку

ІНСТРУКЦІЇ:
a) Розігрійте духовку до 375 градусів.
b) У мисці змішайте рис, пакетик приправ і воду.
c) Вилийте суміш у змащену маслом форму розміром 9x13 дюймів.
d) Покладіть курку на рисову суміш і посипте базиліком і часниковим порошком.
e) Накрийте кришкою і випікайте 1 годину.

20. Оладки з рису, баклажанів і фети

Робить: 4 порції

ІНГРЕДІЄНТИ:
- ⅔ склянки окропу
- ⅓ склянки суміші дикого рису
- Велика щіпка солі
- ¾ склянки оливкової олії
- 1 баклажан, нарізаний невеликими шматочками
- 1 зубчик часнику, подрібнений
- ½ склянки натурального йогурту по-грецьки
- 2 ½ столові ложки подрібненого свіжого орегано
- 6 відціджених в'ялених помідорів в олії, подрібнених
- 50 г фети, нарізаної кубиками
- ⅔ склянки звичайного борошна
- 3 яйця, злегка збиті віночком
- Сіль і чорний мелений перець

ІНСТРУКЦІЇ:

a) Помістіть воду, рис і сіль у невелику каструлю і доведіть до кипіння на середньому вогні. Зменшіть вогонь до середнього, накрийте щільно закритою кришкою і варіть 15 хвилин. Перекладіть варений рис у середню миску.

b) Тим часом розігрійте 60 мл (¼ склянки) олії у великій сковороді на середньому вогні. Додайте баклажани і готуйте, не накриваючи кришкою, часто помішуючи, 20 хвилин або до м'якості. Додайте часник і готуйте, помішуючи, 1 хвилину. Зніміть з вогню і відставте на 5 хвилин, щоб трохи охололо. Перекладіть баклажанну суміш у чашу кухонного комбайна та переробіть до стану пюре.

c) Змішайте йогурт і 2 чайні ложки орегано в невеликій мисці. Накрийте та відкладіть.

d) За допомогою виделки відокремте рисові зерна. Додайте суміш баклажанів, орегано, що залишився, в'ялені помідори, фета, борошно, яйця, сіль і перець до рису та обережно перемішайте, поки не з'єднається.

e) Розігрійте 2 столові ложки олії, що залишилася, у великій сковороді з антипригарним покриттям на середньому сильному вогні. Окремо налийте приблизно 5 столових ложок суміші на сковороду і використовуйте зворотну сторону ложки, щоб трохи розрівняти кожну. Готуйте по 2 хвилини з кожного боку або до золотистого кольору.

f) Перекладіть на велику тарілку і накрийте фольгою, щоб зберегти тепло.

g) Повторіть порціями з маслом і рисовою сумішшю, що залишилася. Подавайте негайно з йогуртом з орегано.

21. Тайський салат з темпе

ІНГРЕДІЄНТИ:
- 22 унції темпе, кубиками
- 61/2 унції дикого рису, сирого
- Спрей кокосового масла

СОУС:
- 4 столові ложки арахісового масла
- 4 столові ложки соєвого соусу
- 4 столові ложки кокосового цукру
- 2 столові ложки червоного соусу чилі
- 2 чайні ложки рисового оцту
- 2 столові ложки імбиру
- 3 зубчики часнику
- 6 столових ложок води

КАПУСТА:
- 5 унцій голеної фіолетової капусти
- 1 лайм, тільки сік
- 2 чайні ложки агави
- 3 чайні ложки кунжутної олії

ГАРНІР:
- Зелену цибулю подрібнити

ІНСТРУКЦІЇ:
a) Змішайте всі інгредієнти для гострого арахісового соусу.
b) Наріжте темпе кубиками розміром 1 дюйм (2,5 см).
c) Додайте в темпе соус, перемішайте, накрийте кришкою і замаринуйте в холодильнику на 2-3 години або, краще, на ніч. Темпе справді добре вбирає смаки маринаду.
d) Розігрійте духовку до 375° F/190° C, приготуйте рис згідно з інструкціями на упаковці:.
e) Викладіть темпе на плоску сковороду з антипригарним покриттям, збризніть кокосовою олією, запікайте в духовці 25-30 хвилин. Збережіть залишки маринаду для подачі.
f) Змішайте всі компоненти для капусти в мисці і відставте маринуватися.

22. Кіноа фаршировані кабачки

Робить: 1 порція

ІНГРЕДІЄНТИ:
- 6 невеликих кабачків Acorn
- 6 склянок води
- 1 чашка вареного дикого рису
- 1 стакан кіноа, промити і відварити
- 2 чайні ложки рослинного масла
- 4 зеленої цибулі; подрібнений
- ½ склянки нарізаної селери
- 1 чайна ложка сушеного шавлії
- ½ склянки сушеної журавлини
- ⅓ склянки кураги; подрібнений
- ⅓ Подрібнених пекан або волоських горіхів
- ½ склянки свіжого апельсинового соку
- Сіль за смаком

ІНСТРУКЦІЇ:
a) Покладіть половинки кабачків зрізом вниз у форму для запікання або сковорідку. Випікайте до готовності, від 25 до 30 хвилин.
b) У великій глибокій сковороді розігрійте олію на середньому вогні. Додайте зелену цибулю, селеру та шавлію. Додайте сухофрукти та горіхи і варіть, часто помішуючи, до повного нагрівання. За допомогою виделки подрібніть кіноа та дикий рис, потім додайте обидва на сковороду.
c) Додайте апельсиновий сік і перемішуйте, поки не нагріється. Приправити сіллю.

23. дикого рису та грибів

ІНГРЕДІЄНТИ:
- 1 склянка дикого рису
- 4 склянки овочевого бульйону
- 1 цибулина, нарізана кубиками
- 2 зубчики часнику, подрібнити
- 8 унцій грибів, нарізаних
- 1 столова ложка оливкової олії
- 1 ст.л вершкового масла
- 1/2 склянки білого вина
- 1/2 склянки тертого сиру Пармезан
- Сіль і перець за смаком
- Нарізана свіжа петрушка, для прикраси

ІНСТРУКЦІЇ:
a) Ретельно промийте дикий рис і злийте його.
b) У середній каструлі доведіть овочевий бульйон до кипіння. Додайте дикий рис і зменшіть вогонь до мінімуму. Накрийте каструлю кришкою і тушкуйте рис до готовності приблизно 45 хвилин.
c) У великій сковороді розігрійте оливкову і вершкове масло на середньому вогні. Додайте цибулю та часник і пасеруйте, поки цибуля не стане прозорою, приблизно 5 хвилин.
d) Додайте нарізані гриби на сковороду та обсмажуйте, поки вони не стануть м'якими та не підрум'яняться, приблизно 10 хвилин.
e) Влити біле вино і добре перемішати. Варіть, поки вино не випарується, приблизно 5 хвилин.
f) Додайте зварений дикий рис на сковороду з грибами і добре перемішайте.
g) Додайте тертий сир пармезан і перемішуйте, поки сир не розплавиться і суміш не стане кремовою.
h) Приправте різотто сіллю та перцем за смаком.
i) Прикрасьте різотто подрібненою свіжою петрушкою і подавайте гарячим. Насолоджуйтесь!

24. Салат з дикого рису та мікрозелені

Робить: 4 порції

ІНГРЕДІЄНТИ:
- ½ склянки вареного дикого рису
- ½ склянки коричневого довгозернистого рису
- ½ подрібненої листової петрушки
- ½ мікрозелені коріандру
- ¼ подрібненого листя м'яти
- ½ нарізаної ріпчастої цибулі
- ½ подрібненого кропу
- 1 червона цибулина
- 2 столові ложки оливкової олії
- ¼ склянки бланшованого мигдалю
- ¼ склянки золотого родзинок , замоченого на ніч
- морська сіль, перець за смаком

ІНСТРУКЦІЇ:
a) Обсмажте цибулю до золотистого кольору на оливковій олії. Зачерпніть його в миску для змішування рису.
b) Підсмажте мигдаль і родзинки на тій же сковороді і з'єднайте їх з іншими інгредієнтами в мисці для рису.
c) Додайте всі трави та рис, приправте морською сіллю, перцем і вичавленим лимоном.

Робить: 4

ІНГРЕДІЄНТИ:
- 1 ціла цибулина часнику
- оливкова олія
- 4 цибулі-шалот, дрібно нарізані кубиками
- 125 мл білого вина
- 300 г суміші дикого рису
- 2 гілочки чебрецю, зірвані листочки
- 2 літри підігрітого овочевого бульйону
- 100 г рису Арборіо
- 200 г суміші грибів, очищених і нарізаних

ІНСТРУКЦІЇ:

a) Розігрійте духовку до 200C/вентилятор 180C/газ 6. Обріжте верхівку цибулини часнику так, щоб більшість зубчиків була відкритою.
b) Натріть 1 чайною ложкою олії, приправте все, щільно загорніть у фольгу та викладіть зрізом догори на деко.
c) Смажте 30-40 хвилин, поки часник не стане м'яким при натисканні.
d) На сковороді розігрійте 1 чайну ложку олії і обсмажте цибулю-шалот до м'якості. Додайте вино і варіть, поки кількість не зменшиться вдвічі, потім додайте суміш дикого рису та половину чебрецю. Додавайте бульйон по ⅓ за раз, часто помішуючи.
e) Через 20 хвилин і приблизно 2/3 бульйону було вмішано, додайте арборіо і варіть ще 20 хвилин або поки рис не стане м'яким. Додайте трохи води, якщо весь бульйон вбрався, але рис не зварився.
f) Обсмажити гриби в 1 чайній ложці олії протягом 5-10 хвилин до золотистого кольору і м'якості. Приправте та додайте решту листя чебрецю.
g) Перемішайте гриби через різотто. Вичавіть зубчики часнику з шкірки та перемішайте до подачі.

25. Овочевий суп з мікрозеленню петрушки

Робить: від 4 до 6 порцій

ІНГРЕДІЄНТИ:
- 1 цибулина, нарізана кубиками
- 1/2 склянки вареного дикого рису
- 4 склянки бездріжджового овочевого бульйону
- 1 цукіні, нарізаний кубиками
- 1 стебло селери
- 4 помідори з насінням і нарізаними кубиками
- 1/2 склянки замороженого, нарізаного шпинату
- Щіпка морської солі
- 1 столова ложка оливкової олії
- 5 цілих горошин перцю
- мікрозелень петрушки

ІНСТРУКЦІЇ:
a) Обсмажте цибулю на оливковій олії на сковороді до прозорості, потім відставте.
b) Нагрійте овочевий бульйон на повільному рівні.
c) Додайте решту інгредієнтів, включаючи рис і цибулю, і готуйте 30 хвилин без кришки.
d) За допомогою маленької шумівки зніміть стебло селери та горошини перцю з верхньої частини супу та викиньте їх.
e) Прикрасьте мікрозеленню петрушки та подавайте з коржами з пророщених зерен.

26. Миски з лимонною брюссельською капустою та фрикадельками з індички

Робить: 4

ІНГРЕДІЄНТИ:
- ¾ склянки дикого рису, промитого
- 3 склянки води
- Кошерна сіль і свіжомелений чорний перець
- 1 фунт фаршу з індички
- ¼ склянки тертої червоної цибулі
- 3 зубчики часнику, подрібнити, розділити
- 2 столові ложки дрібно нарізаної свіжої петрушки
- 6 унцій грибів креміні, розрізаних навпіл
- 2 столові ложки авокадо або оливкової олії першого віджиму, розділити
- ¾ фунта брюссельської капусти, обрізаної та дрібно подрібненої
- 1 чайна ложка копченої паприки
- Цедра і сік ½ лимона
- 1 великий буряк, очищений і тонко нарізаний
- 1 рецепт Легка та вершкова козлятина
- сирний соус

ІНСТРУКЦІЇ:

a) Розігрійте духовку до 425°F.
b) Змішайте рис, воду та щедру щіпку солі в середній каструлі. Довести до кипіння. Зменшіть вогонь, щоб підтримувати стабільне кипіння, накрийте кришкою та варіть, поки зерна не стануть м'якими, а деякі розкриються, 45–50 хвилин.
c) При необхідності злийте зайву рідину. Тим часом приготуйте смажені овочі та індичку.
d) Додайте індичку, цибулю, 2 зубчики часнику, петрушку та ½ чайної ложки солі у велику миску.
e) Перемішайте руками, поки інгредієнти не стануть однорідними. Не перетруднюйте м'ясо.
f) Зачерпніть приблизно 1½ столової ложки суміші та скачайте в кульку між долонями.
g) Розкладіть на відстані близько 1 дюйма один від одного з одного боку вистеленого пергаментом дека для випічки.
h) Змішайте гриби з 1 столовою ложкою олії, сіллю та перцем. Викласти на іншу сторону дека. Смажте, поки фрикадельки не розваряться, а гриби не підрум'яняться, приблизно 15 хвилин.
i) Розігрійте решту 1 столову ложку олії у великій сковороді на середньому вогні. Додайте брюссельську капусту, решту 1 зубчик часнику, паприку, цедру лимона, сіль і перець.
j) Перемішайте, щоб покрити олією, і готуйте, поки брюссельська капуста не стане хрусткою та ніжною, приблизно 5 хвилин. Зніміть з вогню і додайте лимонний сік.
k) Для подачі розділіть дикий рис між мисками. Зверху викласти фрикадельки, гриби, брюссельську капусту та буряк. Полийте легким вершковим соусом з козячого сиру.

27. Тепла осіння миска з куркою та диким рисом

ІНГРЕДІЄНТИ:
- ¾ склянки дикого рису, промитого
- 3 склянки води
- Кошерна сіль і свіжомелений чорний перець
- 2 невеликі кабачки делікате
- 1 фунт брюссельської капусти, розрізаної навпіл
- 2 столові ложки авокадо або оливкової олії першого віджиму
- 1 фунт курячої грудки без кісток і шкіри
- 2-дюймовий шматочок імбиру, тонко нарізаний
- 2 склянки руколи
- 1 рецепт пряного кленового соусу тахіні
- Підсмажені гарбузове насіння
- Гранатові арили

ІНСТРУКЦІЇ:

a) Розігрійте духовку до 425°F.
b) Змішайте рис, воду та щедру щіпку солі в середній каструлі. Довести до кипіння. Зменшіть вогонь, щоб підтримувати стабільне кипіння, накрийте кришкою та варіть, поки зерна не стануть м'якими, а деякі розкриються, 45–50 хвилин.
c) При необхідності злийте зайву рідину. Тим часом приготуйте смажені овочі та курку.
d) Кабачок розріжте уздовж навпіл. Викопайте насіння. Наріжте хрест-навхрест на півмісяці товщиною ½ дюйма. Змішайте кабачки та брюссельську капусту олією, приправте сіллю та перцем.
e) Розкладіть в один шар на деко з ребрами. Смажте до готовності 20–25 хвилин, помішуючи брюссельську капусту та перевертаючи кабачки наполовину.
f) Тим часом додайте курку та імбир у велику каструлю в один шар і залийте прохолодною водою на 2 дюйми.
g) Доведіть до кипіння, потім зменшіть вогонь до мінімуму і варіть, поки курка не звариться, 10-12 хвилин, залежно від товщини. Перекладіть курку на обробну дошку або велику тарілку і двома виделками подрібніть м'ясо.
h) Для подачі розподіліть рис по мисках. Зверху викладіть подрібнену курку, кабачки, брюссельську капусту та руколу. Полийте пряним кленовим соусом тахіні та прикрасьте гарбузовим насінням і гранатовими кісточками.

28. Брюссельська капуста з білим вином

Робить: 8 порцій

ІНГРЕДІЄНТИ
КЛЕНОВИЙ ВІНЕГРЕТ
- 7 столових ложок кленового сиропу
- ½ склянки оливкової олії
- ¼ склянки органічного білого винного оцту Holland House
- ¼ склянки води
- 2 столові ложки свіжого чебрецю
- щіпка солі + перець
- 2 столові ложки медової гірчиці

ДЛЯ САЛАТУ
- 18 унцій брюссельської капусти. Див. примітку
- ½ чашки дикого рису будь-якого сорту, який вам подобається
- 3 столові ложки домашнього білого кулінарного вина Holland
- 2/3 склянки солоної пепіти
- 2/3 склянки сушеної журавлини
- ½ склянки пекан, крупно нарізаних
- 2/3 склянки тертого сиру пармезан

ІНСТРУКЦІЯ
ЗРОБИТИ ЗАПРАВКУ:
a) Зніміть листя чебрецю зі стебел якомога краще. Додайте всі інгредієнти для заправки в кухонний комбайн або занурювальний блендер і збивайте, поки все добре не з'єднається і не стане кремовим.
b) Якщо у вас немає жодного з цих приладів, дрібно наріжте чебрець вручну, а потім додайте його та решту інгредієнтів у

банку. Щільно закривши кришку, добре струсіть, поки все не з'єднається.

ПРИГОТУВАТИ ДИКИЙ РИС:

c) Зваріть дикий рис згідно з інструкціями на упаковці, замінивши 1/3 кількості води для приготування білого кулінарного вина Holland House. У моєму випадку мені знадобилося 10 столових ложок води, тому я використав приблизно 3 столові ложки білого кулінарного вина та 7 столових ложок води.

ЗБІРАЙТЕ САЛАТ:

d) Додайте брюссельську капусту в салатник, потім додайте решту інгредієнтів.

e) Змішайте заправкою, коли будете готові до подачі.

29. Дикий рис з кіноа

Вихід: 3 порції

Інгредієнти:

- 2½ склянки води
- 1 чайна ложка соєвого соусу
- ½ склянки дикого рису, промитого і замоченого
- ½ склянки кіноа

Напрямки:

a) З'єднайте воду та соєвий соус у каструлі та доведіть до кипіння на середньому сильному вогні. Додайте дикий рис і накрийте кришкою, зменшіть вогонь і тушкуйте 30 хвилин.

b) Додайте кіноа, накрийте кришкою і тушкуйте ще 20 хвилин або поки вся вода не вбереться.

c) Зніміть з вогню і дайте пару під кришкою 5 хвилин. Розпушити виделкою.

30. Суп з дикого рису

- 3 картоплини або 1 склянка сушеної картоплі
- 3 упаковки супу з цибулі-порею Knorr
- 1 склянка сирого дикого рису
- 1 шматочок сиру чеддер
- 1 стакан сухого молока
- сіль і перець за смаком

a) Відновлюйте дикий рис цілий день у пакеті на блискавці (або варіть його протягом тривалого часу). При необхідності відновіть картоплю або наріжте свіжу картоплю невеликими шматочками. Покладіть картоплю у воду у найбільшу каструлю і тушкуйте до м'якості. Додайте в каструлю суміш супу з цибулі-порею, воду та сухе молоко (приблизно 3-4 склянки води). Довести до слабкого кипіння. Додати дикий рис, сіль і перець і маленькі скибочки сиру. За потреби додайте більше води.
b) Варіть до тих пір, поки сир не розплавиться, картопля і рис не стануть м'якими і суп бажаної густоти. Варити 45-60 хвилин. Обслуговує 8 голодних туристів.
c) Knorr Суп з цибулі-порей і воду, змішайте з прохолодною водою і бажано перед тим, як додати у велику каструлю. Суміш гарячої картоплі та води зробить суміш супу-порею грудкою. Я зазвичай використовую газову плиту з 1 пальником для цього супу, щоб ви могли регулювати вогонь.
d) Стежте, щоб суп не пригорів. Додайте БУДЬ-ЯКИЙ залишки сиру, який є у вашому харчовому пакеті.
e) Додайте трохи маргарину, якщо у вас є трохи.

31.Салат з дикого рису, брокколі та помідорів

Порцій: 2

ІНГРЕДІЄНТИ:
- Оливкова/авокадо/лляна олія
- 2 перці, нарізані
- Жменя паростків квасолі
- 4 суцвіття брокколі
- 1 лайм
- 2 порції дикого рису
- Жменя капусти
- 6 міні-помідорів, розрізаних навпіл

ІНСТРУКЦІЇ:
a) Зваріть дикий рис згідно з інструкціями на упаковці, а брокколі та капусту злегка відваріть.
b) Подавайте помідори та перець поверх рису з брокколі та паростками квасолі.
c) Подавайте, поливши оливковою олією або соком лимона/лайма.
d) До подрібненого листя шпинату.

32. Плов з сочевиці

Кількість порцій: від 4 до 6 порцій

Інгредієнти
- 2 столові ложки оливкової олії холодного віджиму
- 1 жовта цибуля, нарізана кубиками
- 1 морква, терта
- 2 зубчики часнику, подрібнити
- 2 склянки бездріжджового овочевого бульйону
- 1 склянка дикого рису
- 1/2 склянки коричневої сочевиці, промити
- 1 чайна ложка лимонного соку
- 1 стебло селери, розрізане уздовж навпіл
- 1 столова ложка петрушки, подрібненої
- Морська сіль і перець за смаком

ІНСТРУКЦІЯ

a) Розігрійте оливкову олію на середньому вогні і обсмажте цибулю, часник і моркву.
b) У великій каструлі з'єднайте овочевий бульйон, пасеровані овочі, рис, сочевицю та інші інгредієнти, перемішайте до поєднання та доведіть до кипіння.
c) Перемішайте і зведіть до помірного кипіння, тушкуючи без кришки 45 хвилин. Стебла селери слід видалити і викинути.
d) Посоліть і поперчіть за смаком, потім додайте достатньо води, щоб плов залишався вологим.

33.Лужний курячий суп з ендівієм

Кількість порцій: 6 порцій

ІНГРЕДІЄНТИ
- 1 цибулина, дрібно нарізана
- 2 зубчики часнику, продавлені
- 2 столові ложки вершкового масла
- 1 склянка дикого рису
- 2 варені курячі грудки, нарізані кубиками
- 4 склянки бездріжджового овочевого бульйону
- 2 склянки води
- 1 стебло селери, дрібно нарізане
- 1/2 столової ложки чебрецю
- 1/2 чайної ложки морської солі
- 3 лаврових листки
- Тире перець
- 1/2 склянки нарізаного ендівія
- 2 столові ложки спельтового борошна

ІНСТРУКЦІЯ
a) Приготуйте дикий рис, як зазначено на упаковці, і відкладіть його.
b) Обсмажте цибулю і часник на вершковому маслі в маленькій каструлі на повільному вогні, поки цибуля не стане прозорою.
c) У великій каструлі на середньому слабкому вогні змішайте курку, овочевий бульйон, воду, селеру та приправи. Додайте дикий рис і пасеровані часник і цибулю. Варіть 20 хвилин на слабкому вогні.
d) Додайте ендівій і тушкуйте ще 5 хвилин або поки не зів'яне.
e) Додайте спельтове борошно і варіть 2 хвилини на слабкому вогні, постійно помішуючи.
f) Вийміть лавровий лист і викиньте його, а потім подавайте суп!

34. Суп з огірками, авокадо та базиліком

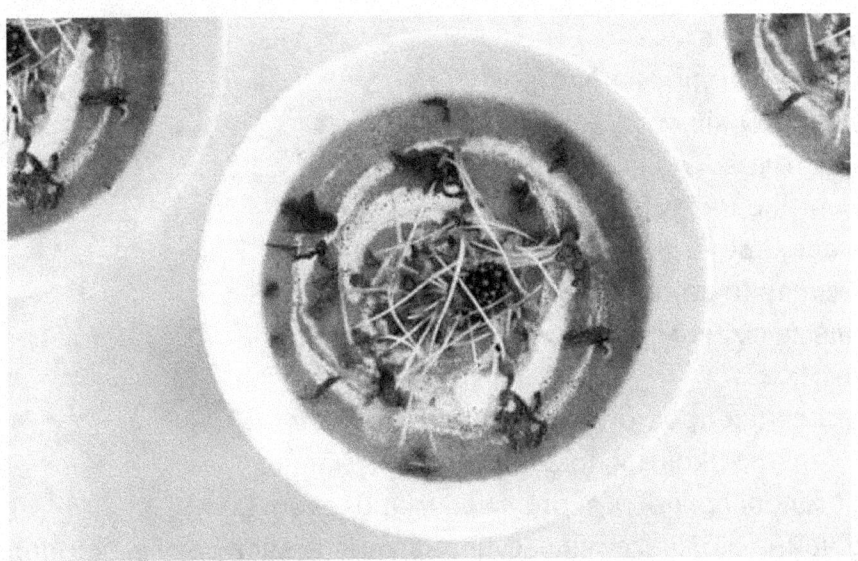

Робить: 2

ІНГРЕДІЄНТИ:
- 1 цілий англійський огірок
- 10 листочків м'яти
- 1½ столової ложки петрушки
- 1 стебло цибулі
- ½ авокадо
- ¼ склянки води - фільтрованої
- сіль за смаком

НАЧИНКИ
- ¼ склянки простого веганського йогурту
- ¼ склянки жовтих помідорів черрі - навпіл
- 2 столові ложки м'якої суміші мікрозелені
- 1 чайна ложка суміші супернасіння - містить чіа, коноплі, льон, гречку, дикий рис
- 5 горошин цукрових - бланшованих і подрібнених

ІНСТРУКЦІЇ:
- Щоб приготувати суп, з'єднайте всі інгредієнти в потужному блендері та перемішайте до однорідності.
- Зберігайте в холодильнику в герметичному контейнері до готовності до подачі.
- Перед подачею на стіл і гарніром добре перемішайте суп.
- Додайте шматочок веганського натурального йогурту та перемішайте його ложкою.
- Помістіть помідори, мікрозелень і бланшований горошок у миску для подачі.
- Для додаткового хрускоту посипте зверху сумішшю суперзерен.

35. Пастуший пиріг з сочевицею з диким рисом

Робить 4 порції

- 2 склянки води
- сіль
- 1 склянка дикого рису
- 1 столова ложка харчових дріжджів
- 1 столова ложка веганського маргарину
- 1 столова ложка оливкової олії
- 1 середня жовта цибулина, нарізана
- 2 зубчики часнику, подрібнити
- 1 середній червоний болгарський перець, нарізаний
- 2 середні моркви, нарізані
- 1 (14,5 унцій) банка нарізаних кубиками помідорів, зціджених і дрібно нарізаних
- 1 стакан нарізаних білих грибів
- 1 склянка свіжих або заморожених зерен кукурудзи
- 1 стакан замороженого горошку
- 1 стакан овочевого бульйону
- 1 чайна ложка сушеного чебрецю
- 1 чайна ложка сушеного майорану
- Чорний свіжозмелений перець
- 1/2 чайної ложки солодкої або копченої паприки

Розігрійте духовку до 350°F. Злегка нагрійте каструлю об'ємом 3 літри та відкладіть. У великій каструлі доведіть воду до кипіння. Посоліть воду, додайте дикий рис, накрийте кришкою та зменшіть вогонь до мінімуму. Тушкуйте, поки дикий рис не звариться, приблизно 30 хвилин. Розмішайте харчові дріжджі та маргарин і відставте.

В окремій великій каструлі розігрійте олію на середньому вогні. Додайте цибулю, часник, болгарський перець і моркву. Накрийте кришкою та готуйте до розм'якшення приблизно 10 хвилин. Додайте помідори, сочевицю, гриби, кукурудзу, горошок, бульйон, чебрець, майоран, сіль і чорний перець за смаком. Накрийте кришкою і тушкуйте, поки сочевиця не стане м'якою і суміш не загусне, приблизно 40 хвилин, додавши трохи води, якщо суміш стане занадто густою.

Помістіть суміш сочевиці в підготовлену запіканку, викладіть зверху зварений дикий рис і рівномірно розподіліть його по суміші сочевиці. Посипати паприкою. Випікайте до гарячого стану приблизно 30 хвилин. Подавайте негайно.

36. Запіканка з дикого рису, мангольда та білої квасолі

Від 4 до 6 порцій

2¾ склянки води
1 склянка дикого рису
сіль
1 столова ложка оливкової олії
1 середня жовта цибулина, нарізана
1 середній червоний болгарський перець, нарізаний
2 зубчики часнику, подрібнити
4 чашки нарізаного мангольда
Сіль і свіжомелений чорний перець
1½ склянки вареної або 1 (15,5 унцій) банка великої північної квасолі, злити воду та промити
1 склянка стиглих помідорів черрі, нарізаних четвертинками
2 столові ложки свіжого лимонного соку
1/4 склянки харчових дріжджів (за бажанням)
2 столові ложки подрібненого свіжого кропу
2 столові ложки подрібненої свіжої петрушки
1/3 склянки сухих сухарів без приправ

У великій каструлі доведіть воду до кипіння на сильному вогні. Додайте дикий рис і 1/2 чайної ложки солі та знову закип'ятіть. Зменшіть вогонь до мінімуму, накрийте кришкою і тушкуйте до готовності 30-40 хвилин. Відкласти.

Розігрійте духовку до 350°F. Злегка змастіть 2-квартову запіканку маслом і відставте. У великій сковороді розігрійте олію на середньому вогні. Додайте цибулю та болгарський перець, накрийте кришкою та готуйте до розм'якшення 7 хвилин. Додайте часник і мангольд, справте сіллю та чорним перцем за смаком. Накрийте кришкою і готуйте, періодично помішуючи, поки мангольд не зів'яне, приблизно 5 хвилин. Змішайте суміш мангольда з відвареним диким рисом разом із квасолею, помідорами, лимонним соком, дріжджами, кропом і петрушкою.

Перекладіть суміш у готову запіканку та рівномірно посипте сухарями. Випікайте, не накриваючи кришкою, до золотисто-коричневого кольору зверху 20-25 хвилин. Подавайте негайно.

37. <u>Кабачки з жолудів, усипані фруктами, фаршировані диким рисом</u>

Робить 4 порції

- 4 маленьких жолудя
- сіль
- 2 столові ложки оливкової олії
- 5 зелених цибулин, подрібнених
- 1 середня морква, натерта
- 2 чайні ложки тертого свіжого імбиру
- 1 склянка дикого рису
- 2 склянки овочевого бульйону
- 1 (8 унцій) банка подрібненого ананаса, добре зцідженого
- 2 столові ложки золотого родзинок
- 1/2 чайної ложки сушеного майорану
- Чорний свіжозмелений перець

Відріжте невеликий шматочок від нижньої частини кожного кабачка, щоб вони стояли вертикально. Зріжте верхівку кожного кабачка, залиште верхівки для використання як кришки. Вийміть і викиньте насіння та м'якоть. Приправте кабачкові порожнини сіллю та відкладіть.

Розігрійте духовку до 350°F. Злегка змастіть 10-дюймову квадратну форму для випікання та відкладіть. У великій каструлі розігрійте олію на середньому вогні. Додайте зелену цибулю, моркву та імбир і варіть до появи аромату приблизно 1 хвилину. Додайте дикий рис, бульйон і приблизно 1/2 чайної ложки солі. Зменшіть вогонь до мінімуму, накрийте кришкою і варіть, поки дикий рис не стане м'яким, приблизно 30 хвилин.

Додайте ананас, родзинки, майоран, сіль і перець за смаком до звареного дикого рису, добре перемішайте. Ложкою викладіть суміш дикого рису в кабачкові порожнини, щільно укладаючи. Покладіть верхівки на кабачки і розкладіть їх у підготовлену форму. Налийте в каструлю приблизно 1/2 дюйма гарячої води. Щільно накрити фольгою. Випікайте, поки кабачки не стануть м'якими, але не розпадуться, приблизно 45 хвилин. Подавайте негайно.

38. Фарширований диким рисом болгарський перець з крес-салатом і апельсином

Робить 4 порції

- 3 склянки води
- 1 склянка дикого рису
- сіль
- 4 середніх червоних або жовтих болгарських перцю
- 1 столова ложка оливкової олії
- 1 середня червона цибулина, подрібнена
- 2 склянки крупно нарізаного стебла крес-салату
- 1/2 чайної ложки меленого коріандру
- Чорний свіжозмелений перець
- 1 солодкий апельсин без кісточок, очищений і нарізаний
- 1 чашка свіжого апельсинового соку

a) У великій каструлі доведіть 2 склянки води до кипіння на сильному вогні. Додайте дикий рис і посоліть воду.
b) Накрийте кришкою, зменшіть вогонь до мінімуму і варіть до готовності приблизно 35 хвилин. Відкласти.
c) Розігрійте духовку до 375°F. Злегка змастіть маслом форму для випікання розміром 9 x 13 дюймів і відкладіть.
d) Болгарський перець розріжте уздовж навпіл і видаліть насіння і оболонки. Варіть перець у каструлі з киплячою водою 3-4 хвилини, щоб трохи розм'якшити. Злийте воду і відкладіть.
e) У великій сковороді розігрійте олію на середньому вогні. Додайте цибулю, накрийте кришкою та готуйте до м'якості приблизно 5 хвилин. Додайте крес-салат і варіть, поки не зів'яне, приблизно 3 хвилини.
f) Додайте коріандр і приправте сіллю та чорним перцем за смаком. Відкласти.
g) Додайте зварений дикий рис і шматочки апельсина до суміші крес-салату та добре перемішайте. Спробуйте на смак, додавши при необхідності приправи
h) Щільно упакуйте перець начинкою (приблизно від 1/2 до 1 склянки кожен, залежно від розміру перцю) і покладіть їх у підготовлену форму для запікання.
i) Налийте апельсиновий сік на дно форми для запікання і накрийте фольгою. Випікайте, поки перець не стане м'яким, приблизно 30 хвилин.
j) Подавайте негайно.

39. Смажена цвітна капуста та цибуля-шалот з Дикий рис

Робить 4 порції

- 1 склянка дикого рису
- 3 склянки овочевого бульйону
- 3 склянки маленьких суцвіть цвітної капусти
- 3 середні цибулини шалот, нарізані четвертинками
- 2 столові ложки оливкової олії
- Сіль і свіжомелений чорний перець

a) У середній каструлі доведіть дикий рис і бульйон до кипіння.
b) Накрити щільно закривається кришкою і варити, поки бульйон не вбереться, приблизно 40 хвилин.
c) Додайте горох і відкладіть, накривши кришкою, і тримайте в теплі.
d) Розігрійте духовку до 425°F.
e) Злегка змастіть маслом форму для випікання розміром 9 x 13 дюймів і відкладіть.
f) Викладіть цвітну капусту та цибулю-шалот у підготовлену форму для запікання та збризніть олією. Приправити сіллю та перцем за смаком і смажити до м'якості та легкої рум'яності, один раз перевертаючи, приблизно 20 хвилин.
g) У великій мисці для подачі змішайте смажену цвітну капусту та цибулю-шалот із вареним диким рисом та горохом. Обережно перемішайте, щоб з'єднати. Подавайте негайно.

40. <u>Дикий рис І грецький салат з куркою</u>

Робить: приблизно 4 порції

ІНГРЕДІЄНТИ
ДЛЯ САЛАТУ
- 2 столові ложки (30 мл) рослинної або оливкової олії 1/2 склянки (80 г) дуже дрібно нарізаної цибулі
- 1 червоний болгарський перець, очищений від серцевини, насіння і дуже дрібно нарізаний
- 1 склянка (175 г) дикого рису, добре промитого та відцідженого 1/2 чайної ложки кошерної або дрібної морської солі
- 1/2 чайної ложки свіжомеленого чорного перцю 1 чайна ложка сушеного орегано 1 склянка (235 мл) води
- 3/4 склянки (180 мл) курячого бульйону або води
- 1 1/2 склянки (60 г) листя молодого шпинату, добре промити, обсушити
- 1 невеликий огірок, очищений і дрібно нарізаний
- 1/3 склянки (35 г) подрібнених оливок, бажано Каламата
- 1/3 склянки (50 г) порізаних на четвертинки помідорів черрі
- 1/2 маленької червоної цибулі, дуже тонко нарізаної
- 1 1/2 склянки (210 г) вареної курки, нарізаної дрібними кубиками або подрібненої, кімнатної температури

ДЛЯ ЗАПРАВКИ

- 1/3 склянки (80 мл) оливкової олії першого віджиму
- 2 столові ложки (30 мл) свіжовичавленого лимонного соку
- 1-2 столові ложки (15-30 мл) червоного винного оцту за смаком
- 1/2 чайної ложки кошерної або дрібної морської солі
- 1/4 чайної ложки свіжомеленого чорного перцю

ДЛЯ ПОЧИНКИ

- 2 столові ложки (6 г) дрібно нарізаної свіжої петрушки
- 1/4 склянки (38 г) подрібненого сиру фета (за бажанням)

a) Натисніть Соте та розігрійте рослинну олію у внутрішній каструлі електричної скороварки.

b) Коли він закипить, додайте нарізану цибулю та болгарський перець і готуйте, помішуючи, 4 хвилини або поки цибуля трохи не розм'якшиться.

c) Додайте дикий рис. Посипте сіллю, перцем і орегано, потім влийте воду і бульйон, помішуючи, щоб переконатися, що нічого не прилипло до дна каструлі. Натисніть Скасувати.

d) Закрийте та заблокуйте кришку, переконавшись, що ручка випуску пари знаходиться в положенні для герметизації. Варіть при високому тиску 9 хвилин. Коли це закінчиться, природним чином скиньте тиск протягом 8 хвилин, потім поверніть ручку випуску пари на вентиляцію, випустивши пару, що залишилася. Відкрийте кришку та обережно відкрийте її.

e) Зніміть кришку, розімніть зерна виделкою і перекладіть у велику миску.

f) Додайте шпинат у миску, перемішайте його з диким рисом і дайте пару обсмажити зелень. Відставте охолоджуватися до кімнатної температури, час від часу перемішуючи виделками, щоб Дикий рис не злипався.

g) Коли охолоне, додайте огірок, оливки, помідори, червону цибулю та курку.

41. Квасоля , буханка з дикого рису з солодкою картоплею та грибами

Виходить: 1 буханець

ІНСТРУКЦІЇ:
- 1 склянка нарізаних грибів
- 1 столова ложка олії
- 1 чашка нарізаної кубиками солодкої картоплі
- Вода, якщо потрібно
- ½ склянки шовкового тофу
- 2 столові ложки сальси (за бажанням)
- 2 столові ложки картопляного крохмалю
- Одну 15-унційну банку червоної квасолі, осушити та промити
- ½ склянки вареного дикого рису
- 1 стакан житнього хліба, нарізаного невеликими кубиками
- ½ склянки розмороженої кукурудзи або кукурудзи, зіскобленої з качанів
- 1 чайна ложка подрібненого розмарину
- ½ чайної ложки солі
- ½ склянки підсмажених дрібно нарізаних горіхів будь-якого сорту (за бажанням)

ІНСТРУКЦІЇ:
a) Розігрійте важку сковороду на середньому сильному вогні. Додати гриби і обсмажити, поки вони не пустять сік. Зменшіть тепло.
b) Додайте олію та солодку картоплю, накрийте кришкою та готуйте, поки солодка картопля не стане м'якою.
c) При необхідності додайте трохи води, щоб картопля не прилипала. Коли картопля та гриби готові, вийміть приблизно ½ склянки та змішайте з тофу, сальсою та картопляним крохмалем. Добре перемішати. Відкласти.
d) Розігрійте духовку до 350 градусів. Деко вистелити пергаментним папером. У великій мисці змішайте червону квасолю, дикий рис і житній хліб і розімніть до однорідності.
e) Додайте суміш тофу, кукурудзу, розмарин, сіль і горіхи.
f) Добре перемішати. Розкладіть половину цієї суміші у форму для хліба.

g) Помістіть решту грибів і солодку картоплю поверх шару, а потім розподіліть решту квасолі та суміш дикого рису зверху. Погладити. Випікати 45 хвилин.

h) Вийміть з духовки та переверніть на решітку для охолодження.

42. Смажені з куркумою овочеві миски

Робить: 4

ІНГРЕДІЄНТИ:
- ½ головки середньої цвітної капусти, порізаної на суцвіття
- ½ фунта молодої моркви, видаливши верхівку
- 4 середніх буряка, обрізаних, очищених і нарізаних кубиками
- 4 столові ложки авокадо або оливкової олії першого віджиму, розділити
- 1 чайна ложка меленої куркуми
- 1 чайна ложка меленого кмину
- Кошерна сіль і свіжомелений чорний перець
- ¾ склянки дикого рису
- 1¾ склянки води, розділити
- 4 упаковані склянки подрібненої капусти
- ⅛ чайної ложки пластівців червоного перцю
- 4 яйця пашот
- 8 редисок, обрізаних і нарізаних четвертинками
- 2 цибулі, тільки зелені частини, тонко нарізані
- 1 рецепт йогуртового соусу з кінзи
- Паростки брокколі, конюшини або люцерни

ІНСТРУКЦІЇ:
a) Розігрійте духовку до 400°F.
b) Змішайте цвітну капусту, моркву та буряк з 2 столовими ложками олії, куркумою, кмином, сіллю та перцем.
c) Розкладіть овочі рівним шаром на деку з ребрами. Смажте, поки вони не стануть м'якими та не підрум'яняться по краях, приблизно 20 хвилин, перемішуючи один раз на півдорозі.
d) Тим часом розігрійте 1 столову ложку олії в середній каструлі. Додайте дикий рис, перемішайте і підсмажте до золотистої скоринки, 4-5 хвилин. Влийте 1½ склянки води і дрібку солі. Вода спочатку буде пузиритися і бризкати, але швидко осяде.
e) Доведіть до кипіння, потім зменшіть вогонь до мінімуму, накрийте кришкою і варіть до готовності приблизно 15 хвилин. Зніміть з вогню і варіть на пару в каструлі протягом 5 хвилин.
f) Розігрійте решту 1 столову ложку олії у великій сковороді на середньому вогні.
g) Додайте капусту, сіль і пластівці червоного перцю.
h) Варіть, час від часу помішуючи, поки не зів'яне. Влийте решту ¼ склянки води і варіть, поки зелень не стане м'якою і рідина не вбереться, приблизно 5 хвилин.
i) Для подачі розділіть дикий рис між мисками. Зверху покладіть смажені овочі, капусту, яйце пашот, редис і цибулю.
j) Полийте йогуртовим соусом із кінзою та прикрасьте паростками.

43. Тайський салат з кіноа

Робить: 3

ІНГРЕДІЄНТИ:
- 2 склянки сирої кіноа або дикого рису
- 2 жовті цибулини, нарізані
- 2 склянки води
- Листя кінзи
- 2 столові ложки соку лайма
- 3 столові ложки зеленого горошку
- ⅓ огірка, нарізаного кубиками
- ¼ фіолетової капусти
- 2 столові ложки арахісу для прикраси
- Сіль за смаком
- 1 морква, дрібно натерта

ІНСТРУКЦІЇ:
a) Налийте воду в каструлю швидкого приготування та додайте туди дикий рис
b) Додайте трохи солі та соку лайма та накрийте ємність
c) Встановіть горщик швидкого приготування на налаштування герметизації
d) Варіть кіноа наступні 7 хвилин
e) Відкрийте горщик швидкого приготування та вийміть дикий рис
f) Помістіть у сковороду, щоб стекла вода
g) Поставте каструлю швидкого приготування на обсмажування та додайте кокосову олію
h) Висипте дикий рис в олію та перемішайте
i) Додайте капусту, моркву, огірок і жовту цибулю, продовжуючи помішувати салат
j) Додайте зелений горошок.
k) При подачі прикрасити арахісом

44. Паростки дикого рису салат

ІНГРЕДІЄНТИ
- ⅓ чашки паростків дикого рису
- ½ склянки вареного арахісу/консервованого нуту
- 1 зелений перець чилі
- 1 чайна ложка тертого імбиру
- 1 столова ложка подрібненої цибулі
- 1,5 столові ложки нарізаних помідорів
- 3 столові ложки подрібненого болгарського перцю
- ½ чашки тертої моркви
- Лимонний сік
- 1 столова ложка подрібненої кінзи
- ¼ чайної ложки чорної солі
- ½ чайної ложки приправленої солі

ІНСТРУКЦІЯ

g) У ємність для змішування додати варений і охолоджений арахіс.

h) Додати решту підготовлених овочів.

i) Додайте сіль, листя коріандру і вичавіть сік свіжого лимона.

j) Нарешті додайте паростки дикого рису, перемішайте все разом і подавайте негайно.

45. <u>Плов з гарбуза і дикого рису</u>

Інгредієнти

- 1 склянка дикого рису швидкого приготування
- 1 склянка цукрового гарбуза, нарізаного шматочками по 1/2 дюйма
- 1 склянка грибів портобелло, подрібнених
- 1 середня цибулина
- 2 склянки курячого бульйону
- 3 зубчики подрібненого часнику
- 1 столова ложка оливкової олії
- 1/2 чайної ложки куркуми
- 1/4 чайної ложки копченої паприки
- сир пармезан
- сіль і перець за смаком

Напрямки

a) У велику сковороду додайте оливкову олію та цибулю. Тушкуйте 5-7 хвилин на середньому слабкому вогні, поки не підрум'яниться і не стане карамелізованим

b) І гарбуз, і гриби, і копчена паприка, і часник. Продовжуйте тушкувати 5 хвилин, поки гриби не розм'якшаться.

c) Додайте дикий рис, шавлія та 2 склянки курячого бульйону (вегетаріанський бульйон, якщо ви веганські). Тушкуйте на середньому слабкому вогні 15 хвилин, поки дикий рис не просочиться рідиною. Вимкніть і накрийте кришкою. Дайте попаритися ще 10 хвилин.

d) Приправити сіллю і перцем за смаком. Розтріть виделкою, зверху покладіть сир пармезан і більше шавлії.

46. Чаші з гарбузом і капустою

Робить: 4

ІНГРЕДІЄНТИ:
- ½ склянки дикого рису
- 1¼ склянки води
- Кошерна сіль і свіжомелений чорний перець
- 1 невеликий гарбуз, очищений і нарізаний скибочками
- 1 фунт брюссельської капусти, обрізаної та навпіл
- 2 столові ложки авокадо, кокосової олії або оливкової олії першого віджиму
- 3 склянки пропареної капусти
- 1 чашка подрібненого радіккіо
- 1 тверде яблуко, очищене від серцевини та нарізане кубиками
- Хрусткий нут
- 1 рецепт пряного кленового соусу тахіні

ІНСТРУКЦІЇ:
a) Розігрійте духовку до 425°F.
b) Додайте дикий рис, воду та щедру щіпку солі в середню каструлю. Доведіть до кипіння, потім зменшіть вогонь до мінімуму, накрийте кришкою і кип'ятіть, поки дикий рис не стане м'яким, злегка жуючи, приблизно 30 хвилин.
c) Тим часом змішайте кабачки та брюссельську капусту з олією, сіллю та перцем. Розкладіть в один шар на деку з обідком. Смажте, доки кабачки не стануть м'якими, а брюссельська капуста не підрум'яниться та не стане хрусткою, приблизно 20 хвилин, перемішуючи один раз на півдорозі.
d) Для подачі розділіть капусту на миски. Зверху покладіть кабачок, брюссельську капусту, дикий рис, радіккіо та яблуко. Посипте хрустким нутом і полийте пряним кленовим соусом тахіні.

47. <u>Гірко-солодкі миски з цитрусовими та лососем</u>

Робить: 4

ІНГРЕДІЄНТИ:
- Сік з 1 пупка апельсина
- 3 столові ложки рисового оцту
- 2 чайні ложки підсмаженої кунжутної олії
- 2 чайні ложки меду
- Кошерна морська сіль і свіжомелений чорний перець
- 1 склянка дикого рису
- 2½ склянки води
- 4 філе сьомги
- 2 столові ложки савокадо або оливкової олії першого віджиму, розділити
- 1 фунт брюссельської капусти, обрізаної та навпіл
- ½ середньої головки радіккіо, дрібно подрібненої
- 1 цибулина фенхелю, обрізана і тонко нарізана
- 2 апельсини, очищені від шкірки та нарізані часточками, бажано Кара Кара або кров
- апельсини
- 4 цибулі, тільки зелена частина, тонко нарізані
- Підсмажені фісташки, подрібнити

ІНСТРУКЦІЇ:

a) Збийте разом апельсиновий сік, оцет, кунжутну олію, мед і щіпку солі та перцю в невеликій мисці; відкласти.

b) Додайте дикий рис, воду та щедру щіпку солі в середню каструлю. Доведіть до кипіння, потім зменшіть вогонь до середнього, накрийте кришкою і кип'ятіть, поки дикий рис не стане м'яким, злегка жуючи, приблизно 30 хвилин.

c) Тим часом поставте решітку духовки на 6 дюймів нижче бройлера та встановіть духовку на запікання. Змастіть лосось 1 столовою ложкою олії, приправте сіллю та перцем. Покладіть лосось шкірою вниз на одну сторону застеленого фольгою дека для запікання.

d) Змішайте брюссельську капусту з рештою 1 столовою ложкою олії, сіллю та перцем, а потім розподіліть рівним шаром на іншій стороні дека. Смажте лосось, доки він не розвариться та легко розшарується, 6–8 хвилин залежно від товщини.

e) Для подачі розділіть дикий рис, брюссельську капусту та радіккіо між мисками. Зверху покладіть лосось, фенхель, часточки апельсина, цибулю-зелену цибулю та фісташки. Збийте заправку ще раз і збризніть зверху.

48. Буряк , гранат і брюссельська капуста

Робить: 4

ІНГРЕДІЄНТИ:
- 3 середніх буряка
- 1 столова ложка оливкової олії
- Кошерна сіль і свіжозмелений чорний перець за смаком
- 1 склянка дикого рису
- 4 склянки молодого шпинату або капусти
- 2 чашки брюссельської капусти, тонко нарізаної
- 3 клементини, очищені та розділені на сегменти
- ½ склянки пекан, підсмажених
- ½ склянки зерен граната

ВІНЕГРЕТ З ЧЕРВОНОГО ВИНА МЕД-ДІЖОН
- ¼ склянки оливкової олії першого віджиму
- 2 столові ложки червоного винного оцту
- ½ шалот, подрібнений
- 1 столова ложка меду
- 2 чайні ложки цільнозернової гірчиці
- Кошерна сіль і свіжозмелений чорний перець за смаком

ІНСТРУКЦІЇ:
a) Розігрійте духовку до 400 градусів F. Вистеліть деко фольгою.
b) Викласти буряк на фольгу, скропити оливковою олією, приправити сіллю і перцем.
c) Зігніть усі 4 сторони фольги, щоб зробити мішечок. Випікайте, поки вилка не стане м'якою, від 35 до 45 хвилин; дайте охолонути, приблизно 30 хвилин.
d) За допомогою чистого паперового рушника потріть буряк, щоб видалити шкірку; наріжте невеликими шматочками.
e) Зваріть дикий рис згідно з інструкціями на упаковці, потім дайте охолонути.
f) Розкладіть буряк в 4 скляні банки з широким горлом і кришками. Зверху покладіть шпинат або капусту, дикий рис, брюссельську капусту, клементини, пекан і зерна граната.

ДЛЯ ВІНЕГРЕТУ:
g) Збийте разом оливкову олію, оцет, цибулю-шалот, мед, гірчицю та 1 столову ложку води; приправити сіллю і перцем за смаком. Накрийте кришкою та поставте в холодильник до 3 днів.
h) Для подачі додайте вінегрет у кожну банку та струсіть. Подавайте негайно.

49. Бекон, цибуля-порей, дикий рис з чебрецем

Робить: 8

ІНГРЕДІЄНТИ:
- 4 скибочки бекону, розрізані по центру, подрібнені
- 2 склянки тонко нарізаних свіжих грибів креміні
- 1½ склянки тонко нарізаної цибулі-порею
- 1 столова ложка подрібненого свіжого чебрецю
- 1 столова ложка подрібненого часнику
- 3 склянки несолоного курячого бульйону
- 1½ склянки сирого дикого рису
- ¾ чайної ложки кошерної солі
- ½ чайної ложки чорного перцю
- 1 унція Сир Грюйер , тертий

ІНСТРУКЦІЇ:
a) Готуйте бекон на сковороді з антипригарним покриттям на помірному вогні до хрусткої скоринки приблизно 5 хвилин. Перекладіть бекон на тарілку, вистелену паперовими рушниками, залишивши на сковороді краплі. Відкладіть бекон.
b) Додайте гриби та цибулю-порей до гарячої рідини на сковороді та готуйте, часто помішуючи, доки вони не стануть м'якими та злегка підрум'яняться, 6–8 хвилин. Додайте чебрець і часник; варіть, часто помішуючи, до появи аромату, 1 хвилину. Перемістіть суміш цибулі-порею в Crockpot.
c) Додайте бульйон, дикий рис, сіль і перець. Накрийте кришкою та готуйте на СИЛЬНОМУ режимі, поки дикий рис не стане аль денте, приблизно 2 години. Вимкніть Crockpot і дайте суміші постояти 10 хвилин. Перед подачею посипати сиром і беконом.

50. Овочі та Дикий рис

Робить: 8 порцій

ІНГРЕДІЄНТИ:
- 2 моркви, очищені і нарізані
- 2 пастернаку, очищених і нарізаних
- 8 унцій брюссельської капусти, обрізаної
- ¼ склянки оливкової олії, розділити
- ¼ чайної ложки солі, розділити
- ¼ склянки родзинок
- ¼ чайної ложки чорного перцю, розділеного
- 1 склянка сухого дикого рису, звареного згідно з інструкціями на упаковці
- 1 столова ложка яблучного оцту
- 2 чайні ложки діжонської гірчиці
- ¼ чашки пекан, крупно нарізаних

ІНСТРУКЦІЇ:
a) Підготуйте духовку, розігрівши її до 400 градусів за Фаренгейтом.
b) Змішайте моркву, пастернак і брюссельську капусту з 2 столовими ложками оливкової олії, трохи солі та перцю та викладіть на змащене маслом деко.
c) Смажте 22 хвилини, поки краї не стануть хрусткими, перевертаючи наполовину.
d) Змішайте решту 2 столових ложки оливкової олії, решту ⅛ чайної ложки солі, решту ⅛ чайної ложки перцю, сидровий оцет і діжонську гірчицю в невеликій тарілці.
e) Підсмажте горіхи пекан на сухій сковороді на помірному вогні до появи аромату приблизно 3 хвилини.
f) Подавайте смажені овочі, варений дикий рис, заправку, підсмажені волоські горіхи та родзинки на блюді або в мисці для подачі.

51. <u>з дикого рису з песто із запашного горошку</u>

Робить: 8 порцій

ІНГРЕДІЄНТИ:
- 1½ склянки замороженого горошку, розмороженого
- ¼ склянки сиру пармезан
- 2 зубчики часнику
- 2 столові ложки насіння соняшнику, Очищений
- ¼ чайної ложки чорного перцю
- 1 склянка вареного сухого дикого рису
- ¼ склянки оливкової олії
- ½ чашки консервованої білої квасолі з низьким вмістом натрію
- 1 пінта помідорів черрі або винограду
- 1 жовтий болгарський перець, нарізаний кубиками
- Цедра ½ лимона

ІНСТРУКЦІЇ:
a) У кухонному комбайні подрібніть розморожений горошок, пармезан, часник, насіння соняшнику та перець.
b) Обережно влийте оливкову олію, поки соус не стане однорідним.
c) Змішайте охолоджений дикий рис, соус песто, білу квасолю, помідори, болгарський перець і цедру лимона в ємності.

52. <u>Поживні чаші для солодкої картоплі</u>

ІНГРЕДІЄНТИ
- 2 середніх солодких картоплі, очищених і нарізаних шматочками по 1 дюйм
- 3 столові ложки оливкової олії першого віджиму, розділити
- ½ чайної ложки копченої паприки
- Кошерна сіль і свіжозмелений чорний перець за смаком
- 1 склянка дикого рису
- 1 пучок капусти лацинато, подрібненої
- 1 столова ложка свіжовичавленого лимонного соку
- 1 склянка нашаткованої червонокачанної капусти
- 1 склянка розрізаних навпіл помідорів черрі
- ¾ склянки хрусткої квасолі гарбанцо
- 2 авокадо, розрізаних навпіл, без кісточок і шкірки

НАПРЯМКИ

a) Розігрійте духовку до 400 градусів F. Вистеліть деко пергаментним папером.

b) Викладіть солодку картоплю на підготовлене деко. Додайте 1 ½ столової ложки оливкової олії та паприки, справте сіллю та перцем і обережно перемішайте. Розкладіть в один шар і запікайте 20-25 хвилин, один раз перевернувши, доки легко не проколеться виделкою.

c) Приготуйте дикий рис відповідно до інструкцій на упаковці; відкласти.

d) Змішайте капусту, лимонний сік і решту 1 ½ столової ложки оливкової олії в середній мисці. Помасажуйте капусту до повного з'єднання, справте сіллю та перцем за смаком.

e) Розподіліть дикий рис по контейнерах для приготування їжі. Зверху викладіть солодку картоплю, капусту, помідори та хрусткі гарбанцо. Зберігати в холодильнику до 3 днів. Подавайте з авокадо.

53. Тайські курячі миски Будди

ІНГРЕДІЄНТИ
ГОСТИЙ АРАХІСОВИЙ СОУС
- 3 столові ложки вершкового арахісового масла
- 2 столові ложки свіжовичавленого соку лайма
- 1 столова ложка соєвого соусу зі зниженим вмістом натрію
- 2 чайні ложки темно-коричневого цукру
- 2 чайні ложки самбал олек (мелена свіжа чилі паста)

САЛАТ
- 1 склянка дикого рису
- ¼ склянки курячого бульйону
- 1 ½ столової ложки самбал олек (мелена свіжа чилі паста)
- 1 столова ложка світло-коричневого цукру
- 1 столова ложка свіжовичавленого соку лайма
- 1 фунт курячих грудок без кісток і шкіри, нарізаних шматками по 1 дюйм
- 1 столова ложка кукурудзяного крохмалю
- 1 столова ложка рибного соусу
- 1 столова ложка оливкової олії
- 2 зубчики часнику, подрібнити
- 1 шалот, подрібнений
- 1 столова ложка свіжотертого імбиру
- Кошерна сіль і свіжозмелений чорний перець за смаком
- 2 склянки подрібненої капусти
- 1 ½ склянки нашаткованої фіолетової капусти
- 1 склянка паростків квасолі
- 2 моркви, очищені і натерті
- ½ склянки свіжого листя кінзи
- ¼ склянки смаженого арахісу

НАПРЯМКИ

a) ДЛЯ АРАХІСОВОГО СОУСУ: збийте разом арахісове масло, сік лайма, соєвий соус, коричневий цукор, самбал оелек і 2-3 столові ложки води в маленькій мисці. Накрийте кришкою та поставте в холодильник до 3 днів.

b) Приготуйте дикий рис відповідно до інструкцій на упаковці; відкласти.

c) Поки дикий рис готується, у маленькій мисці змішайте бульйон, самбал оелек , коричневий цукор і сік лайма; відкласти.

d) У великій мисці змішайте курку, кукурудзяний крохмаль і рибний соус, перемішайте, щоб вони покрилися, і дайте курці ввібрати кукурудзяний крохмаль протягом декількох хвилин.

e) Розігрійте оливкову олію у великій сковороді на середньому вогні. Додайте курку і готуйте до золотистого кольору 3-5 хвилин. Додайте часник, цибулю-шалот та імбир і продовжуйте готувати, часто помішуючи, до появи аромату, приблизно 2 хвилини. Додайте бульйонну суміш і варіть, поки вона трохи не загусне, приблизно 1 хвилину. Приправити сіллю і перцем за смаком.

f) Розкладіть дикий рис у контейнери для приготування їжі. Зверху покладіть курку, листову капусту, капусту, паростки квасолі, моркву, кінзу та арахіс. Зберігається під кришкою в холодильнику 3-4 дні. Подавайте з гострим арахісовим соусом.

54. Овочевий суп з дикого рису

Робить: 6 порцій

ІНГРЕДІЄНТИ:
- 1 склянка моркви, нарізаної
- 1 зубчик часнику, подрібнений
- ¾ склянки очищеного дикого рису
- Еганський пармезан , тертий _
- 4 склянки овочевого бульйону
- 1 чашка селери, нарізаної
- 28 унцій банки томатного пюре
- 15 - унція _ банку квасолі, осушити і промити
- 2 склянки капусти, крупно нарізаної
- 1 гілочка розмарину

ІНСТРУКЦІЇ:
a) Обсмажте цибулю, моркву та селеру з оливковою олією на сковороді.
b) Додайте розмарин, часник і дикий рис.
c) Доведіть бульйон до кипіння, постійно помішуючи.
d) Зменшіть вогонь до мінімуму та варіть приблизно 1 годину, поки дикий рис не звариться, потім додайте помідори та квасолю.
e) Подавайте з веганським пармезаном.

55. **Змішаний перець чилі**

Робить: 12

ІНГРЕДІЄНТИ:
- 2 столові ложки оливкової олії
- 2 цибулі-шалот, нарізані
- 1 велика жовта цибулина, нарізана кубиками
- 1 столова ложка свіжого імбиру, дрібно натертого
- 8 зубчиків часнику, подрібнених
- 1 чайна ложка меленого кмину
- 3 столові ложки порошку червоного перцю
- сіль
- Чорний перець
- 28-унційна банка подрібнених помідорів
- 1 консервований перець чипотле, подрібнений
- 1 перець Серрано, очищений від насіння і подрібнений
- 3 подрібнених ріпчастої цибулі
- ⅔ склянки булгуру
- ⅔ склянки дикого рису
- 2¼ чашки змішаної сочевиці, промити
- 1½ склянки консервованого нуту

ІНСТРУКЦІЇ:
a) Розігрійте олію в сковороді на сильному вогні і обсмажте цибулю-шалот і 4-5 хвилин.
b) Обсмажте 1 хвилину з імбиром, часником, кмином і порошком чилі.
c) З'єднайте з помідорами, перцем і бульйоном.
d) Доведіть інгредієнти до кипіння, за винятком ріпчастої цибулі.
e) Зменшіть вогонь до слабкого і варіть від 35 до 45 хвилин або до досягнення бажаної густоти.
f) Подавати гарячим і посипати ріпчастою цибулею.

56. Перський гранатовий суп

Робить: 6-8

ІНГРЕДІЄНТИ:
- ¼ склянки оливкової олії, плюс додаткова для начинки
- 1 жовта цибуля, нарізана кубиками
- 3 зубчики часнику, подрібнити
- ¾ склянки жовтого колотого горошку
- ½ склянки сочевиці
- ½ чашки маш
- ½ склянки дикого рису
- 1 великий буряк, нарізаний дрібними кубиками
- 2 чайні ложки меленого кмину
- 1 чайна ложка меленої куркуми
- 12 склянок овочевого бульйону або води
- 2 столові ложки сушеної м'яти
- ½ склянки гранатової патоки
- 1 пучок подрібненої кінзи
- 1 склянка лабне або густого йогурту
- Зерна 1 граната
- Сіль і перець

ІНСТРУКЦІЇ:
a) Розігрійте олію у великій каструлі на середньому вогні та обсмажуйте цибулю приблизно 10 хвилин, часто помішуючи, поки вона не почне підрум'янюватися.
b) Додайте часник, боби, дикий рис, буряк, спеції та 2 чайні ложки солі. Добре перемішайте з вареною цибулею, потім додайте бульйон або воду і доведіть до кипіння.
c) Зменшіть вогонь і варіть під кришкою 1 ½ години, поки квасоля та дикий рис не стануть м'якими.
d) Поки суп ще кипить, додайте сушену м'яту та гранатову патоку, приправте за смаком сіллю та перцем.
e) Подавайте теплим, поливши оливковою олією та шматочком йогурту, а також щедро посипавши зернами кінзи та граната.

57. Теплий салат з шиітаке і дикого рису

Робить: 4

ІНГРЕДІЄНТИ:
- ¾ склянки дикого рису
- ¼ фунта грибів шиітаке, видаливши ніжки та нарізавши капелюшки
- 1 цибуля-шалот, дрібно нарізана
- 1 червона цибулина, розрізана навпіл
- 4 зубчики часнику, подрібнити
- Сіль і перець за смаком
- 4 столові ложки бальзамічної глазурі
- 1 столова ложка кленового сиропу або меду
- 1 великий качан салату, порваний
- ¼ чашки петрушки, нарізаної
- ¼ склянки гілочок кропу, подрібнених

ІНСТРУКЦІЇ:
a) Додайте в каструлю дикий рис, червону цибулю, часник і сіль. Залийте водою приблизно на 2 дюйми, потім кип'ятіть, поки зерна не стануть м'якими і вода не вбереться – приблизно 40 хвилин.
b) Коли дикому рису залишиться приблизно 10 хвилин, приготуйте хрусткі гриби. Розігрійте на сковороді трохи олії та додайте гриби, обсмажуйте до золотистого кольору приблизно 10 хвилин. Перекладіть на тарілку з кухонним папером, щоб стекла вода, потім посипте сіллю та перцем.
c) У ту ж сковороду додайте цибулю-шалот і варіть до золотистого кольору. Зніміть сковороду з вогню, потім додайте бальзамічний і кленовий сироп.
d) Додайте листя салату на тарілку або салатник. Додайте дикий рис і бальзамічну заправку, ретельно перемішавши. Зверху покладіть гриби, петрушку і кріп.
e) Можна подавати теплим або охолодженим.

58. Різотто з дикого рису

Робить: 8

ІНГРЕДІЄНТИ:
- 2 ¼ склянки очищеного дикого рису, промитого
- 4 зубчики часнику, подрібнити
- 1 (8 унцій) пакет грибів, нарізаних
- 6 склянок овочевого бульйону з низьким вмістом натрію
- ½ чайної ложки сухого листя майорану
- ⅛ чайної ложки чорного перцю
- ⅔ склянки тертого сиру Пармезан

ІНСТРУКЦІЇ:
e) У мультиварці на 6 літрів змішайте дикий рис, часник, гриби, бульйон, майоран і перець.
f) Накрийте кришкою і готуйте на повільному режимі протягом 7-8 годин, або поки дикий рис не вбере більшу частину рідини і не стане м'яким, а овочі – м'якими.
g) Додайте сир пармезан і подавайте.

59. Баранина, дикий рис і абрикосовий тажин

Робить: 8

ІНГРЕДІЄНТИ:
- 3 склянки несолоного яловичого бульйону
- ½ склянки золотого родзинок
- 1 склянка половинок кураги
- 1½ чайної ложки меленого кмину
- ½ чайної ложки кайенского перцю
- 3 столові ложки томатної пасти
- 2 чайні ложки кошерної солі
- ½ склянки нарізаної свіжої кінзи
- 2½ склянки нарізаної білої цибулі
- 1 чашка сирого цільнозернового очищеного дикого рису
- 2 палички кориці
- 1 чайна ложка меленого коріандру
- 8 зубчиків часнику, подрібнити
- 2 фунти баранячої ніжки, обрізаної та кубиками
- 1 столова ложка свіжого лимонного соку

ІНСТРУКЦІЇ:
a) У мультиварці змішайте бульйон, цибулю, дикий рис, абрикоси, томатну пасту, сіль, кмин, коріандр, кайєнський перець, часник і палички кориці.
b) Готуйте баранину на розпеченій сковороді приблизно 8 хвилин, періодично перевертаючи, поки вона не підрум'яниться з усіх боків.
c) Додайте його в мультиварку і повільно варіть близько 8 годин.
d) Викиньте палички кориці.
e) Перед подачею додайте кінзу, родзинки та лимонний сік до суміші Crockpot.

60. <u>з куркою та диким рисом</u>

Робить: 6

ІНГРЕДІЄНТИ :
- 1 склянка цибулі, нарізаної кубиками
- 1 курка на грилі, нарізана та відварена
- ½ склянки дикого рису
- 1 курячий бульйонний кубик
- Сіль, 1 чайна ложка
- ½ чайної ложки перцю
- 1 чайна ложка сушеного шавлії
- 2 склянки нарізаної моркви
- 1 чайна ложка приправи для птиці
- 1 чашка нарізаної селери
- 1 лавровий лист

ІНСТРУКЦІЇ:
a) Додайте всі інгредієнти в Crockpot.
b) Варіть на слабкому вогні приблизно 1 годину.
c) Видалити лавровий лист.

61. Різотто з дикого рису з гарбузом

Робить: 6

ІНГРЕДІЄНТИ:
- 1 чайна ложка оливкової олії
- Пакет 16 унцій нарізаних свіжих грибів креміні
- 1½ чашки сирого цільнозернового очищеного дикого рису
- 1½ чайної ложки хересного оцту
- 1½ унції тертого сиру Пармезан
- ½ чайної ложки цукрового піску
- 1 свіжа гілочка шавлії плюс 3 столові ложки свіжого листя
- Кулінарний спрей
- 4 склянки несоленого овочевого бульйону
- ⅞ чайної ложки кошерної солі
- 4 склянки очищених і подрібнених гарбузів
- ½ чайної ложки чорного перцю
- 1 жовта цибулина, нарізана
- ⅓ чашки вершків з кешью

ІНСТРУКЦІЇ:
a) У сковороді на середньому вогні розігріти олію.
b) Пасеруйте цибулю приблизно 5 хвилин.
c) Додайте гриби в сковороду і готуйте 8 хвилин, часто помішуючи.
d) Готуйте, часто помішуючи, протягом 1 хвилини з диким рисом і гілочкою шавлії на сковороді.
e) Обприскайте внутрішню частину Crockpot кулінарним спреєм.
f) У Crockpot змішайте суміш дикого рису, бульйон, сіль, перець і цукор; перемішайте, щоб з'єднати.
g) Зверху посипати кабачком.
h) Готуйте 5 годин на СИЛЬНОМУ режимі під кришкою.
i) Видалити гілочку шавлії.
j) Тильною стороною ложки розімніть кубики гарбуза в різотто до однорідності.
k) Змішайте вершки з кеш'ю та оцет, поки добре не з'єднаються.
l) Прикрасити сиром і шавлією.

62. Бабусин сільський суп з дикого рису з яловичини

ІНГРЕДІЄНТИ:
- ½-1 фунта тушкованої яловичини
- 2 зубчики часнику
- 2 столові ложки олії
- 1 банка помідорів
- 2 склянки моркви
- 2 склянки селери
- 2 склянки стручкової квасолі
- ½ склянки дикого рису
- 1 столова ложка вустерширського соусу
- Щіпка базиліка
- Сіль і перець
- 1 упаковка яловичого бульйону

ІНСТРУКЦІЇ:

a) Тушковане яловиче м'ясо з часником обсмажити на 2 столових ложках олії.

b) Додайте помідори, моркву, селеру, зелену квасолю, дикий рис, вустерширський соус, щіпку базиліка, сіль і перець і 1 упаковку яловичого бульйону.

c) Варіть на слабкому вогні 3-4 години.

63. Вівсяні фрикадельки з дикого рису

Робить: 6 порцій

ІНГРЕДІЄНТИ
- 1 склянка консервованої квасолі
- ¾ склянки вареного булгуру
- ¾ склянки вареного дикого рису
- ½ склянки швидкої вівсяної каші, сирої
- 1½ столової ложки соєвого соусу
- 2 столові ложки соусу Барбекю
- 1 чайна ложка сушеного базиліка
- ½ склянки цибулі, дрібно нарізаної
- 1 зубчик часнику, дрібно подрібнений
- 1 стебло селери, нарізане
- 1 чайна ложка солі
- Перець за смаком

ІНСТРУКЦІЯ
a) Злегка розімніть квасолю виделкою або картопледавкою.
b) Додайте решту інгредієнтів і сформуйте 6 фрикадельок.
c) Збризніть сковороду олією та обсмажте фрикадельки з обох сторін.

64. Різотто з дикого рису зі спаржею та грибами

Робить 4 порції

- 2 столові ложки оливкової олії
- 1/2 фунта тонкої спаржі, жорсткі кінці обрізані та нарізані по діагоналі на 1-дюймові шматочки
- 3 зубчики часнику, подрібнити
- 1 склянка дикого рису
- 1 чайна ложка подрібненого свіжого чебрецю або 1/4 чайної ложки сушеного
- 4 склянки гарячого овочевого бульйону
- Сіль і свіжомелений чорний перець

a) У великій каструлі розігрійте олію на середньому вогні. Додайте спаржу, гриби та часник.
b) Накрити кришкою і варити 5 хвилин.
c) Додайте дикий рис і перемішайте, щоб покрити олією. Додайте чебрець і вино і обережно перемішайте, поки рідина не вбереться.
d) Додайте бульйон по 1 склянці за раз, помішуючи, поки рідина не вбереться перед кожним додаванням.
e) Посоліть і поперчіть за смаком. Тушкуйте, часто помішуючи, до кремоподібного стану.
f) Подавайте негайно.

65. Рагу з дикого рису та зимових овочів

Робить 4 порції

- 1 столова ложка оливкової олії
- 2 середні моркви, нарізані
- 1 середня жовта цибулина, нарізана
- 1 реберце селери, нарізане
- 2 зубчики часнику, подрібнити
- ¾ склянки дикого рису
- 4 склянки нашаткованої капусти
- 1 середня рум'яна картопля, очищена та нарізана кубиками розміром 1/2 дюйма
- 1 склянка нарізаних кремині або білих грибів
- 1 столова ложка соєвого соусу
- 1 чайна ложка сушеного чебрецю
- 2 чайні ложки сушеного кропу
- Сіль і свіжомелений чорний перець
- 3 склянки овочевого бульйону

a) У великій каструлі розігрійте олію на середньому вогні. Додайте моркву, цибулю та селеру. Накрийте кришкою та готуйте до розм'якшення приблизно 10 хвилин.
b) Додайте часник і варіть до появи аромату 1 хвилину.
c) Додайте дикий рис, капусту, картоплю, гриби, соєвий соус, чебрець, кріп, сіль і перець за смаком. Влийте бульйон і доведіть до кипіння.
d) Зменшіть вогонь до мінімуму, додайте квасолю і тушкуйте, не накриваючи кришкою, доки дикий рис не звариться, а овочі не стануть м'якими, приблизно 45 хвилин.
e) Спробуйте на смак, додавши при необхідності приправи залежно від солоності бульйону. Подавайте негайно.

66. **Плов з дикого рису з морквою, волоськими горіхами та родзинками**

Робить 4 порції

- 2 столові ложки оливкової олії
- 1 середня жовта цибулина, дрібно нарізана
- 1 середня морква, дрібно нарізана
- 1/2 склянки подрібнених волоських горіхів
- 2 склянки овочевого бульйону
- 1 склянка дикого рису
- 1/3 склянки золотого родзинок
- 1 столова ложка подрібненої свіжої трави кропу або 1 чайна ложка сушеної

a) У великій сковороді розігрійте олію на середньому вогні.
b) Додайте цибулю та моркву, накрийте кришкою та готуйте до розм'якшення приблизно 5 хвилин.
c) Додайте волоські горіхи та готуйте, не накриваючи кришкою, ще 5 хвилин.
d) Додайте бульйон і дикий рис і доведіть до кипіння.
e) Зменшіть вогонь до мінімуму, накрийте кришкою і тушкуйте, поки дикий рис і овочі не стануть м'якими, періодично помішуючи приблизно 30 хвилин.
f) Приблизно за 5 хвилин до готовності до подачі додайте родзинки та кріп. Подавайте негайно.

67. Дикий рис з корицею та персиками

Робить: 6

ІНГРЕДІЄНТИ:
- Кулінарний спрей
- 2 ½ склянки води
- ½ чайної ложки меленої кориці
- 1 ½ склянки знежиреної половинки
- 1 чашка сирого дикого рису, промити, осушити
- ¼ склянки цукру
- 1½ чайної ложки ванільного екстракту
- 2 склянки заморожених несолодких скибочок персика
- ¼ склянки нарізаних горіхів пекан, смажених

ІНСТРУКЦІЇ:
a) Змастіть мультиварку кулінарним спреєм.
b) Залийте водою і варіть дикий рис і корицю близько 2 годин на повільному вогні .
c) В окремій мисці змішайте половину, цукор і ванільну есенцію .
d) Розкладіть дикий рис у миски.
e) Зверху додайте персики, а потім суміш половину та консерви .

68. Смажена курка з помідорами

Робить: 4 порції

ІНГРЕДІЄНТИ:
k) 2 курячі грудки, розрізати вздовж
l) 1 склянка помідорів черрі, нарізаних четвертинками
m) 3 зубчики часнику, подрібнити
n) 1 склянка дикого рису
o) 1 столова ложка кропу
p) 1 чайна ложка чорного перцю
q) Сік 1 лимона
r) 1 чашка знежиреного сиру фета, подрібненого
s) 1 столова ложка рослинного масла
t) 1 болгарський перець, нарізаний кубиками
u) 1 чайна ложка солі з низьким вмістом натрію
v) 1 огірок нарізати кубиками

ІНСТРУКЦІЇ:
a) Змішайте половину олії, зубчики часнику та базилік з курячими грудками в пакеті на блискавці.
b) Доведіть бальзамічний оцет і мед до кипіння.
c) У невеликій ємності змішайте нарізані помідори, решту 2 зубчики часнику та ¼ чашки листя базиліка; відкласти.
d) В іншій сковороді розігрійте оливкову олію, що залишилася, і обсмажте курячі грудки по 3 хвилини з кожного боку.
e) Полийте половинки курячої грудки ¼ склянки томатної суміші та бальзамічної глазурі.

69. з куркою та диким рисом

Робить: 6 порцій

ІНГРЕДІЄНТИ:
- 1 цибулина, нарізана
- 4 чашки знежиреного курячого бульйону з низьким вмістом натрію
- 1 столова ложка чебрецю, подрібненого
- 1 стакан води
- 3 великих зубчики часнику, подрібнити
- 1 морква, нарізана кружечками
- 1 чайна ложка перцю
- 1 фунт курячих грудок без кісток і шкіри, нарізаних кубиками
- ½ склянки сирого дикого рису
- 1 сушений лавровий лист
- 2 унції цукрового горошку, нарізаного скибочками

ІНСТРУКЦІЯ

a) B. Доведіть до кипіння курку, бульйон, цибулю, воду, моркву, часник, чебрець, лавровий лист і перець.
b) Накрити кришкою і тушкувати 5 хвилин.
c) перемішайте дикий рис.
d) Випікайте 5 хвилин при 350 °F.
e) Ретельно перемішуйте горох протягом 8 хвилин.
f) Зніміть лавровий лист і подавайте.

70. Рибне рагу з перцем чилі

Робить: 4

ІНГРЕДІЄНТИ :
- 1 цибулина, нарізана
- 2 цибулини кропу, подрібнити
- 1 червоний чилі, дрібно нарізаний
- 1 банка сливових помідорів
- 6 столових ложок оливкової олії
- 1 чайна ложка насіння фенхелю, меленого
- 2 зубчики часнику, подрібнені
- 1 фунт філе білої риби
- 3 унції підсмаженого мигдалю, меленого
- 3 унції овочевого бульйону
- ½ чайної ложки порошку солодкої паприки
- 1 столова ложка свіжого листя чебрецю
- 1 чайна ложка ниток шафрану
- 3 свіжих лаврових листа
- Дикий рис і весняна зелень
- 1 лимон, нарізаний дольками

ІНСТРУКЦІЇ:
a) Приготуйте на пару цибулю, фенхель, чилі, подрібнене насіння фенхелю та часник.
b) Додати паприку, чебрець, шафран, лавровий лист і помідори.
c) Довести до кипіння з овочевим бульйоном.
d) Додайте рибу/тофу до рагу разом із мигдалем.
e) Подавайте із зеленню, диким рисом і часточками лимона.

71. Салат із зеленню та насінням підходить для діабетиків

Робить: 3-4

ІНГРЕДІЄНТИ:
- 3½ унції тофу
- 1 жменька листя руколи
- 1 пучок салату кос
- 1 жменя баранячого салату
- 2 пучка молодого шпинату
- ½ банки нуту
- 1 авокадо
- 1 жменя насіння і горіхів
- 6 помідорів черрі
- ½ огірка
- 1 порція вареного дикого рису
- ½ зеленого або червоного перцю
- Оливкова олія
- Лимон
- Гімалайська сіль і чорний перець

ІНСТРУКЦІЇ:
a) Тофу злегка обсмажити на мигдальному маслі.
b) Змішати все разом.

72. Чаші для овочів і дикого рису

Овочі:
- 4 середні цілі моркви.
- 1 1/2 склянки нарізаної на четвертинки жовтої картоплі.
- 2 столові ложки кленового сиропу.
- 2 столові ложки оливкової олії.
- 1 здорова щіпка морської солі + чорний перець.
- 1 столова ложка нарізаного свіжого розмарину.
- 2 склянки нарізаної навпіл брюссельської капусти.

Дикий рис:
- 1 чашка білого дикого рису, добре промита + відціджена.
- 1 3/4 склянки води.
- 1 щіпка морської солі.

Соус:
- 1/2 склянки тахіні.
- 1 середній лимон, вичавлений сік (Mass - 3 столові ложки або 45 мл).
- 2-3 столові ложки кленового сиропу.

Для подачі на вибір:
- Свіжа зелень (петрушка, чебрець і так далі).
- Гранатові арили.

Напрямки

а) Розігрійте духовку до 400 градусів F (204 °C) і застеліть деко пергаментним папером

b) Викладіть моркву та картоплю на лист і збризніть половиною кленового сиропу, половиною оливкової олії, сіллю, перцем і розмарином. Киньте, щоб інтегрувати. Потім запікайте 12 хвилин.

c) Тим часом розігрійте сковороду на середньому сильному вогні. Коли нагріється, додайте промитий дикий рис, щоб злегка обсмажити, а потім додайте воду, щоб випарувати залишки вологи та підкреслити горіховий смак.

d) Готуйте 2-3 хвилини, часто помішуючи. Додати воду і дрібку солі. Нарешті, приготуйте заправку .

е) Для подачі розподіліть дикий рис та овочі між порційними мисками та полийте щедрим соусом тахіні. Лідирує з вибором гарнірів, таких як гранатовий аріс або свіжа зелень.

73. Салат з дикого рису , яблук і родзинок

Робить: 4 порції

Інгредієнти:
- 1 склянка дикого рису
- 1/4 склянки нарізаного мигдалю
- 2 столові ложки яблучного оцту
- 2 столові ложки меду
- 1 столова ложка оливкової олії
- 1/4 чайної ложки солі
- 1/4 чайної ложки чорного перцю
- 2 склянки капусти, дрібно нарізаної
- 1 яблуко Гренні Сміт, нарізане кубиками
- 1/3 склянки родзинок
- 2 столові ложки петрушки, дрібно нарізаної

Напрямки:
a) Дотримуйтесь інструкцій на упаковці для приготування дикого рису. Перед подачею дайте охолонути до кімнатної температури.
b) Тим часом обсмажте мигдаль у маленькій сухій сковороді на середньому вогні протягом 3 хвилин або до появи аромату. Перед подачею дайте охолонути.
c) Змішайте сидровий оцет, мед, оливкову олію, сіль і перець у великій ємності. Киньте нарізану капусту руками протягом 3-5 хвилин або доки капуста не розм'якшиться.
d) Додайте охолоджений дикий рис, яблуко, родзинки та петрушку до суміші сидру та капусти. Подавайте

74. Сирний салат з дикого рису

Робить: 4 порції

Інгредієнти:
- 1 склянка дикого рису
- 1 столова ложка оливкової олії
- 2 зубчики часнику, подрібнити
- Сік 1/2 лимона
- 1/8 чайної ложки солі
- 1/8 чайної ложки чорного перцю
- 1 склянка помідорів черрі, нарізаних четвертинками
- 1 маленький жовтий болгарський перець, нарізаний кубиками
- 1 невеликий огірок, нарізаний кубиками
- 1/2 склянки сиру фета зі зниженим вмістом жиру, розсипався
- 1 столова ложка подрібненого свіжого кропу

Напрямки:
a) Дотримуйтесь інструкцій на упаковці для приготування дикого рису. Перед подачею дайте охолонути до кімнатної температури.

b) Змішайте оливкову олію, часник, лимонний сік, сіль і перець у великій мисці.

c) У ємності змішайте охолоджений дикий рис, помідори черрі, болгарський перець, огірок, сир фета та кріп із заправкою.

75. S лосось і Сніданок з дикого рису

2 порції

Інгредієнти:
a) 2 великі яйця, зварені, очищені і нарізані шматочками
b) 1 головка салату Little Gem, листя розділені
c) ½ Перський огірок, нарізаний
d) 4 дуже тонкі скибочки червоної цибулі
e) 3 унції копченого лосося, крупно нарізаного
f) ½ чашка вареного дикого рису або іншого зерна
g) 2 ложки кокосової олії
h) 1 столова ложка відціджених каперсів
i) ¼ ложка дрібно натертої цедри лимона
j) 1 ложка плюс 2 чайні ложки свіжого лимонного соку
k) Подрібнений кріп
l) 1 авокадо, нарізаний

Напрямки
● Змішайте листя салату, огірок, цибулю, копчений лосось, дикий рис, олію, каперси, лимонну цедру та лимонний сік у великій мисці; приправити сіллю і перцем.
● Зверху покладіть шматочки яєць, авокадо та кріп.

76. Сквош, мікрозелень і салат з дикого рису

Обслуговує 2

Інгредієнти:

Веганська кунжутно-часникова заправка;
- 1 столова ложка пасти тахіні
- 2 столові ложки оливкової олії
- 2 зубчики часнику
- 2 столові ложки орегано
- 2 столові ложки кінзи
- ½ халапеньо (за бажанням)
- 3 столові ложки яблучного оцту
- Сіль і перець за смаком

Салат із смажених кабачків;
- 1 кабачок з жолудів (нарізаний на шматочки)
- 1 столова ложка оливкової олії
- 1 столова ложка червоних пластівців чилі
- сіль
- ½ склянки мікрозелені
- ¼ склянки вареного дикого рису
- сіль

Напрямки

a) Розігрійте духовку до 425 градусів F.

b) Збризніть кабачки оливковою олією та добре перемішайте, потім викладіть кабачки в один шар на деку, приправивши сіллю та чилі .

c) Обсмажуйте патисони 25 хвилин.

d) Щоб приготувати заправку, змішайте всі інгредієнти в кухонному комбайні та збийте до однорідності.

e) Перекладіть патисони в салатницю, коли вони стануть м'якими. Додайте половину заправки з диким рисом. Безпосередньо перед подачею додайте мікрозелень і полийте заправкою, що залишилася.

77. Мікрозелений салат з дикого рису

Інгредієнти:
Для салату:
- 1 чашка вареного дикого рису
- 1 склянка помідорів, розрізаних навпіл
- 1/2 склянки оливок Каламата без кісточок
- 2 1/2 столові ложки зеленої цибулі, тонко нарізаної
- 1 унція вареної чорної квасолі
- 1/2 авокадо нарізати невеликими квадратиками
- 2 склянки мікрозелені

Для заправки:
- 2 великих зубчики часнику
- 1/4 склянки червоного винного оцту
- 1/4 склянки свіжого листя базиліка
- 1 чайна ложка кошерної солі
- 1 чайна ложка чорного перцю
- 1/2 склянки оливкової олії

Напрямки

a) У кухонному комбайні змішайте червоний винний оцет, часник, базилік, сіль і перець.

b) Пульсуйте на високій швидкості, повільно додаючи олію до емульгування.

c) Перемішайте інгредієнти салату двома столовими ложками заправки. За бажанням додайте додаткову заправку.

d) Подавайте негайно або зберігайте в холодильнику до готовності.

78. Салат з дикого рису і руколи

Робить: 6 порцій
Інгредієнти:
- 1 склянка дикого рису
- 3 столові ложки лимонного соку
- 3 столові ложки оливкової олії
- 1/4 чайної ложки перцю
- 1/8 чайної ложки солі
- 2 склянки кавуна, нарізати невеликими кубиками
- 2 склянки дитячої руколи
- 1 склянка помідорів черрі, розрізаних навпіл
- 1/4 склянки свіжої м'яти, крупно нарізаної
- 2 столові ложки волоських горіхів, крупно подрібнених

Напрямки:
a) Дотримуйтесь інструкцій на упаковці для приготування дикого рису. Перед подачею дайте охолонути до кімнатної температури.
b) У невеликій тарілці змішайте разом лимонний сік, оливкову олію, перець і сіль і відставте.
c) Змішайте охолоджений дикий рис, кавун, рукколу, помідори черрі, м'яту, волоські горіхи та заправку у великій ємності.
d) Змішайте все разом, подавайте та насолоджуйтесь!

79. з дикого рису та помідорів

Склад : 4 порції

Інгредієнти:
- 12 унцій Паста фузілі з дикого рису , варена
- 1/4 склянки кокосової олії
- 4 зубчики часнику
- 1/4 чайної ложки подрібнених пластівців червоного перцю
- 2 пінти виноградних помідорів, розрізаних навпіл
- 15 унцій с боби аннелліні зціджують і промивають
- 1/2 чашки органічного зеленого горошку, вареного
- 1/2 склянки тонко нарізаного свіжого базиліка
- 1/2 чайної ложки морської солі
- 1/4 чайної ложки свіжомеленого чорного перцю

Напрямки :

a) Розігрійте олію у великій сковороді з антипригарним покриттям на середньому сильному вогні. Додайте часник і пластівці перцю і готуйте, постійно помішуючи, 30 секунд або до появи аромату.

b) Додати виноградні помідори і тушкувати 6-7 хвилин, регулярно помішуючи, доки вони не розм'якшаться.

c) Додайте квасолю і горошок.

d) Додайте макарони і варіть 1 хвилину, періодично помішуючи.

e) Додайте базилік, сіль і перець і подавайте .

80. Ягідний салат з дикого рису

Інгредієнти:

Цитрусово-медовий соус:
- 1 чайна ложка апельсинової цедри
- 4 столові ложки свіжого апельсинового соку
- 2 столові ложки свіжого лимонного соку
- 1 столова ложка свіжого соку лайма
- 1 столова ложка меду
- 1 чайна ложка дрібно нарізаної м'яти
- 1 чайна ложка дрібно нарізаного базиліка

Салат:
- 2 склянки вареного червоного дикого рису
- 1 1/2 склянки полуниці, розрізаної навпіл
- 1 стакан малини
- 1 стакан ожини
- 1 стакан чорниці
- 1 склянка подрібненого мигдалю з корицею, смаженого на меді
- 1 столова ложка дрібно нарізаної м'яти
- 1 столова ложка дрібно нарізаного базиліка

Напрямки

a) **Для заправки:** у маленькій мисці збийте апельсинову цедру, апельсиновий сік, лимонний сік, сік лайма, мед, м'яту та базилік. Відкласти.

b) У великій мисці змішайте варений дикий рис, полуницю, малину, ожину, чорницю, мигдаль, м'яту та базилік.

c) Полийте салат заправкою і знову обережно перемішайте. Подавайте.

81. Чаша Будди з нуту з дикого рису

Робить 2

Інгредієнти:
Салат:
- 1 склянка сухого звареного нуту
- вареного білого дикого рису
- 1 велика упаковка кучерявої капусти

Соус тахіні :
- 1/2 склянки тахіні
- 1/4 чайної ложки морської солі
- 1/4 чайної ложки часникового порошку
- 1/4 склянки води
- Свіжий лимонний сік

Напрямки:
a) **Щоб зробити заправку:** з'єднайте тахіні, морську сіль, лимонний сік і часниковий порошок у маленькій мисці та збийте віночком. Потім потроху додавайте воду, поки не утвориться рідкий соус.
b) Додайте 1/2 дюйма води в середню каструлю і додайте капусту. Довести до кипіння на середньому вогні.
c) Одразу зніміть капусту з вогню і перекладіть її на невелику тарілку.
d) **Щоб скласти салат:** змішайте зварений нут, дикий рис і капусту в мисці. Додайте заправку.

82. Смажений дикий рис з овочами

Інгредієнти:
- ½ склянки дикого рису
- 1 стакан води
- 2 столові ложки олії
- 1/4 столової ложки насіння гірчиці
- 1/4 столової ложки насіння кмину
- 1 щіпка асафетиди
- 5-6 листків каррі
- ½ столової ложки тертого імбиру
- ½ столової ложки порошку коріандру
- ½ столової ложки порошку кмину
- Сіль за смаком
- 1-2 помідори — можна приготувати або їсти сирими на гарнір
- 1 склянка картоплі, капусти, цвітної капусти, моркви та ін.
- Свіжа кокосова стружка
- Свіже листя коріандру

Напрямки

1. Обсмажте дикий рис на сковороді протягом 10-15 хвилин. Зняти з каструлі.

2. Розігрійте олію і додайте зерна гірчиці. Коли вони спливуть, додайте кмин, асафетиду, листя каррі, імбир, порошок коріандру та порошок кмину. Додайте овочі і варіть наполовину.

3. Додайте смажений дикий рис, сіль і воду. Довести до кипіння, накрити кришкою і тушкувати 10 хвилин.

4. Розкрийте та готуйте 2-3 хвилини.

5. Прикрасьте свіжим кокосом за смаком і листям коріандру.

83. Чаша з гуакамоле та чорною квасолею

Виготовлення : 2 порції

Інгредієнти:
Гуакамоле:

- 1 авокадо, очищений від шкірки та кісточок
- 1 столова ложка соку лайма
- 1/2 чайної ложки морської солі
- 1/4 чайної ложки свіжомеленого чорного перцю
- 3 столові ложки подрібненої свіжої кінзи

Салат:

- 1 чашка замороженого попередньо відвареного органічного дикого рису
- 2 чашки органічної вареної чорної квасолі
- 3 столові ложки дрібно нарізаної органічної червоної цибулі
- 2 зубчики часнику, подрібнити
- 1/2 чайної ложки кмину
- 2 чашки органічної суміші зелені або дитячого шпинату
- 1 склянка органічних помідорів черрі, розрізаних навпіл
- 1 невеликий органічний червоний болгарський перець, нарізаний скибочками
- 1 невеликий огірок, очищений і тонко нарізаний

Гарнір :

● 1 маленький халапеньо, тонко нарізаний

Напрямки :

a) Розімніть авокадо виделкою в середній мисці, потім додайте сік лайма, морську сіль, чорний перець і кінзу; залишити в стороні.

b) У велику каструлю додайте чорну квасолю, часник і кмин і варіть до появи пари.

c) Розподіліть зелень, помідори, шматочки болгарського перцю, дрібно нарізану червону цибулю та огірок між двома мисками, а потім посипте кожну зверху диким рисом, квасолею та гуакамоле.

d) Подавайте з нарізаним халапеньо зверху.

84. Чаша Будди з нуту з дикого рису

Нут:
- 1 склянка сухого нуту.
- 1/2 чайної ложки морської солі.

Дикий рис:
- 1 столова ложка оливкової олії, олії виноградних кісточок або авокадо (або кокоса).
- 1 склянка білого дикого рису (добре промитого).
- 1 3/4 склянки води.
- 1 здорова щіпка морської солі.

Кале:
- 1 велика упаковка кучерявої капусти

Соус тахіні:
- 1/2 склянки тахіні.
- 1/4 чайної ложки морської солі.
- 1/4 чайної ложки часникового порошку.
- 1/4 склянки води.

Для подачі:
- Свіжий лимонний сік.

Напрямки

a) Або замочіть нут на ніч у прохолодній воді, або скористайтеся підходом швидкого замочування: додайте промитий нут у велику каструлю та налийте 2 дюйми води. Злийте, промийте та помістіть назад у каструлю.

b) Щоб зварити замочений нут, додайте його у велику каструлю і залийте 2 дюймами води. Дайте закипіти на сильному вогні, потім зменшіть вогонь до кипіння, додайте сіль і перемішайте, і варіть без кришки 40 хвилин - 1 годину 20 хвилин.

c) Через 40 хвилин спробуйте зерна, щоб побачити, наскільки вони ніжні. Ви шукаєте просто ніжну квасолю з невеликим укусом, і шкірка почне виявляти ознаки лущення. Як тільки квасоля буде готова, злийте квасолю, відкладіть і посипте ще трохи солі.

d) Приготуйте заправку, додавши тахіні, морську сіль і часниковий порошок у невелику миску та перемішавши до однорідності. Потім потроху додавайте воду, поки не утвориться рідкий соус.

e) Додайте 1/2 дюйма води в середню каструлю і доведіть до кипіння на середньому вогні. Одразу зніміть капусту з вогню і перекладіть її на невелике блюдо для подачі.

85. Дикий рис з шафраном і салат з буряка

Робить: 6 порцій
Інгредієнти:
- 6 столових ложок оливкової олії першого віджиму
- 2 столові ложки свіжого лимонного соку
- 2 невеликих зубчики часнику ; фарш
- ½ чайної ложки крупної солі
- ½ чайної ложки меленого кмину
- ¼ чайної ложки пластівців червоного перцю
- 4 буряка з зеленню
- 1 склянка дикого рису, звареного з шафраном
- 2 склянки овочевого бульйону
- 5 чайних ложок оливкової олії
- 2 унції Тонко нарізаний цибулю-шалот
- 3 середніх зубчики часнику; фарш
- 1½ столової ложки свіжого лимонного соку
- ¼ чайної ложки солі

Напрямки:
a) Загорніть кожен буряк окремо у фольгу та запікайте до готовності, проткнувши тонким ножем, від 45 хвилин до 1 години. Очистіть і помістіть буряк в невелику миску, додайте 2-3 столові ложки маринаду і обережно перемішайте. додати дикий рис

b) нагрійте 3 чайні ложки оливкової олії на середньому сильному вогні. Додайте шалот і готуйте до хрусткої скоринки, часто помішуючи, приблизно 3 хвилини. Додати часник і додати зелень буряка . Перемішайте лимонний сік і сіль. Приправити перцем.

86. Чорна квасоля і салат з дикого рису

Інгредієнти:
- 5 столових ложок оливкової олії
- ½ склянки дикого рису; промити
- 1 склянка курячого або овочевого бульйону
- ¼ чайної ложки меленого кмину
- 2 столові ложки соку лайма
- 1 чашка вареної або консервованої чорної квасолі
- 1 склянка цільнозернистої кукурудзи
- 1 великий стиглий помідор
- 1 маленький солодкий червоний перець
- 2 зелені цибулі; дрібно нарізати
- 3 столові ложки подрібненого листя кінзи
- 2 чашки змішаної зелені салату

Напрямки:

a) Розігрійте 1 столову ложку олії на середньому вогні. Додайте дикий рис і перемішуйте, поки він не підсмажиться і не стане ароматним — приблизно 5 хвилин. Додайте бульйон, кмин і сіль; нагріти до кипіння на сильному вогні. Зменшіть вогонь до мінімуму, накрийте кришкою і варіть, поки рідина не поглинеться - приблизно 15 хвилин.

b) У мисці середнього розміру змішайте 4 столові ложки олії, що залишилися, сік лайма та чорний перець. Додайте чорну квасолю, кукурудзу, помідори, червоний перець, зелену цибулю, кінзу, подрібнену петрушку та варений дикий рис.

c) Для подачі розділіть зелень на 4 салатні тарілки. Ложкою викласти суміш дикого рису на зелень.

87. Цитрусовий салат «Дикий рис».

Робить: 4 порції
Інгредієнти:
- 1 склянка вареного дикого рису
- 1 склянка нарізаного кубиками (неочищеного) огірка
- ½ склянки нарізаного кубиками інжиру або кураги
- ½ склянки Дольки мандарина
- ¼ склянки насіння соняшнику
- 2 зелені цибулі; кубиками
- 2 столові ложки подрібненого свіжого коріандру
- 1 чайна ложка тертої цедри лимона або лайма
- 3 столові ложки соку лимона або лайма
- 3 краплі кунжутної олії; більш-менш
- 1 чайна ложка цукрового піску
- ¼ чайної ложки меленого кмину
- ¼ чайної ложки меленого коріандру

Напрямки:
a) У салатнику змішайте дикий рис, огірок, інжир, часточки апельсина, насіння соняшнику, цибулю та коріандр.
b) Заправка: у маленькій мисці змішайте лимонну цедру та сік, кунжутну олію, цукор, кмин та коріандр; полийте салат і перемішайте. Подавайте негайно або накрийте кришкою та поставте в холодильник до 3 днів.

88. Амарант і Салат з дикого рису

Робить: 4 порції
Інгредієнти:
- 1 склянка вареного дикого рису
- 1 столова ложка рослинного масла
- Заправка з кропу
- 1 столова ложка амаранту
- 6 невеликих червоних редисок, нарізаних
- 1 маленький огірок
- ¼ фунта сиру Jarlsberg
- Гілочки свіжого кропу

Напрямки:
a) Щоб подрібнити амарант, використовуйте невелику важку каструлю. Нагрійте суху каструлю на середньому сильному вогні до дуже гарячого стану. Використовуючи невелику кондитерську пензлик, щоб насіння рухалося та не пригоріло, додайте амарант, негайно перемішайте та готуйте, поки насіння не спливе.

b) Додайте кропову заправку, редис, огірок і сир до охолодженого дикого рису у великій мисці. Викладіть амарант в салат. Перекласти салат в сервірувальну миску.

c) Заправка з кропу: у банці з кришкою, що щільно закривається, з'єднайте інгредієнти заправки. Накрийте кришкою та струсіть до повного змішування.

89. Баклажани з диким рисом

Робить: 4 порції
Інгредієнти:
- 2 баклажани, варені
- 1 склянка вареного дикого рису
- 1 маленька цибулина
- 2 зубчики часнику; фарш
- 1 перець Поблано
- 1 банан або угорський перець
- ½ склянки Томатне пюре або томатний соус
- Свіжий перець і сіль за смаком
- ¼ склянки мелених волоських горіхів
- 1 чашка вареного нуту
- Щіпка пшеничного борошна та клейковини

Напрямки:
a) Наріжте нутрощі баклажанів і відкладіть для пасерування.
b) У велику сковороду додайте воду та нагрійте на середньому вогні. Потім додайте цибулю, часник, перець і нутрощі баклажанів і обсмажте, додаючи ще трохи води за потреби.
c) Потім додайте томатне пюре, сіль, перець, волоські горіхи та нут.
d) Накрийте кришкою і тушкуйте близько 5 хвилин, періодично помішуючи. Додайте зварений дикий рис, пшеничне борошно та глютенове борошно до овочевого соте та добре перемішайте. Наповніть шкаралупу баклажанів сумішшю дикого рису. випікати.

90. Літній салат «Дикий рис».

Робить: 1

Інгредієнти:
- 4 склянки вареного AM дикого рису
- ½ склянки очищених пекан
- ½ склянки нарізаної зеленої цибулі
- ½ склянки нарізаних маслин
- ¾ склянки нарізаних печериць
- ¾ склянки родзинок, залитих гарячою водою
- ¼ склянки лимонного соку
- 2 столові ложки Тамарі
- ⅓ склянки Нерафінована оливкова олія
- ¼ чайної ложки перець

Напрямки:
a) Змішайте перші шість інгредієнтів у великій мисці. В окремій ємності змішайте останні чотири інгредієнти. Залийте рідиною салат і обережно перемішайте.

b) Для найкращого смаку дайте застигнути в холодильнику приблизно на одну годину перед подачею.

91. Дикий рис з нагетсами темпе

Склад: 1 порція
Інгредієнти:
- 1½ склянки вареного дикого рису
- 1½ склянки свіжих або заморожених зерен кукурудзи;
- Темпе Адобо Нагетс
- 1 стакан червоного болгарського перцю; дрібно нарізати
- ½ склянки червоної цибулі; дрібно нарізати
- ½ склянки кінзи; щільно упакований, подрібнений
- 1 перець Халапеньо; насіння, дрібно нарізані
- ¼ склянки вінегрету з лаймом Шою
- 2 столові ложки свіжого соку лайма
- радіккіо; для гарніру

Напрямки:
a) Додайте кукурудзу до дикого рису та варіть до готовності, але все ще хрусткої.
b) Коли дикий рис перестане виділяти пару, додайте нагетси темпе, червоний болгарський перець, цибулю, кінзу, халапеньо та достатню кількість вінегрету, щоб злегка покрити інгредієнти . За бажанням додайте сік лайма за смаком. Подавайте теплим або кімнатної температури на подсцілці з радиккіо.

92. Салат табуле з дикого рису

Робить: 10 порцій

Інгредієнти:
- 2 склянки дикий рис; промити
- ¾ склянки свіжої петрушки, нарізаної
- ¾ склянки стиглих помідорів; кубиками
- 1 огірок; очищені від насіння і нарізані кубиками
- 1 пучок зеленої цибулі; подрібнений
- 5 гілочок свіжої м'яти; подрібнений
- 4 столові ложки Оливкова олія першого віджиму
- 2 столові ложки сливового оцту
- 2 зубчики часнику очистити і віджати

Напрямки:

a) Відваріть дикий рис відповідно до інструкцій на упаковці. круто Змішайте дикий рис, петрушку, помідори, огірки, часник, зелену цибулю та м'яту. Добре перемішати.

b) Змішайте оливкову олію, сливовий оцет і часник і перемішайте в салат.

93. Енсалада з диким рисом

Робить: 7 порцій

Інгредієнти:
- 2 склянки вареного дикого рису
- ⅓ склянки соку лайма
- 2 перцю аджі
- ⅔ склянки оливкової олії
- 2 середніх огірка
- 1 великий помідор; насіння видалені, кубики
- 8 зеленої цибулі; білий тільки тонко нарізаний
- ⅓ чашки італійської петрушки; свіжий, фарш
- ⅓ склянки м'яти; свіжого фаршу
- Сіль і чорний перець
- 2 головки салату Бібб; подрібнити
- 3 яйця; зварити круто і тонко нарізати
- 2 свіжі качани
- 1 стакан чорні оливки; товсто нарізані

Напрямки:

a) Збийте разом сік лайма, перець чилі та оливкову олію та відставте.

b) Змішайте дикий рис, огірки, помідори, зелену цибулю, петрушку та м'яту й акуратно перемішайте. Зверху полийте сумішшю соку лайма і знову перемішайте. додайте сіль і свіжомелений чорний перець за смаком.

c) Щоб подати салат, покладіть шматок подрібненого салату Бібб на 6 або 8 окремих тарілок і прикрасьте будь-яким або всіма запропонованими гарнірами.

94. Фенхель Дикий рис салат

Склад: 1 порція
Інгредієнти:
- 3 чашки вареного дикого рису
- 1 склянка подрібненої цибулини фенхелю
- 2 столові ложки меленого цибулі-шалоту
- 1 чайна ложка тертої цедри лимона
- 1 чайна ложка тертої цедри апельсина
- ⅔ склянки свіжого апельсинового соку
- 2 столові ложки свіжого лимонного соку
- ¼ склянки нарізаного свіжого базиліка
- 2 чайні ложки оливкової олії
- ¼ чайної ложки солі
- ⅛ чайної ложки перцю
- 2 склянки часточки апельсина
- ¼ склянки подрібнених волоських горіхів, підсмажених

Напрямки:
a) Змішайте дикий рис, фенхель і цибулю-шалот у великій мисці; відкласти.
b) У маленькій мисці з'єднайте наступні 8 інгредієнтів (лимонну цедру через перець); добре перемішати.
c) Вилийте суміш дикого рису та добре перемішайте. Розкладіть по 1 склянці салату на кожну з чотирьох тарілок.
d) Розкладіть ½ чашки апельсинів навколо кожного салату; посипте кожен салат 1 столовою ложкою волоських горіхів.

95. Салат Ріо Гранде Дикий Рис

Робить: 4 порції

Інгредієнти:
- 3 столові ложки лимонного соку
- 3 столові ложки оливкової олії
- 3 столові ложки кінзи, подрібненої
- Морська сіль
- Чорний свіжозмелений перець
- 1 склянка свіжої або замороженої кукурудзи
- ½ склянки дикого рису, звареного з кмином
- 1 чашка вареної чорної квасолі
- 1 середній помідор; кубиками
- 3 столові ложки червоної цибулі, подрібненої

Напрямки:

a) Збийте разом лимонний сік, оливкову олію, кінзу, сіль і перець за смаком; відкласти.

b) У маленькій каструлі доведіть до кипіння 1-½ склянки води та додайте кукурудзу.

c) Зменшіть вогонь і дайте кукурудзі варитися до готовності. Злийте кукурудзу, залишивши 1 склянку рідини для варіння.

d) У мисці змішайте охолоджений дикий рис, кукурудзу, чорну квасолю, помідори та цибулю. Полийте заправкою та обережно перемішайте. Охолодіть салат до готовності до подачі

96. Салат з фруктовим диким рисом

Робить: 4 порції
Інгредієнти:
- 3 чашки вареного дикого рису
- 8¾ унції банки половинки абрикоса, зціджені
- 1 морський апельсин, розрізаний
- 1 склянка червоного винограду без кісточок, розрізаного навпіл
- ¼ чашки цибулі, нарізаної скибочками
- ¼ склянки свіжої петрушки, нарізаної
- ¼ чайної ложки чорного перцю
- сіль

Напрямки:
a) У середню миску помістіть дикий рис, абрикоси, апельсини, виноград, цибулю, петрушку та чорний перець.
b) За бажанням приправити сіллю за смаком.

97. Салат з дикого рису з травами

Робить: 4 порції
Інгредієнти:
- 1½ чашки гороху або квасолі
- 3 чашки холодного вареного дикого рису
- ½ склянки подрібненого нежирного козячого сиру
- ⅓ склянки подрібненої свіжої петрушки
- ⅓ склянки нарізаного свіжого естрагону
- ⅓ склянки нарізаної свіжої цибулі
- ⅓ склянки лимонного соку
- 1 столова ложка оливкової олії першого віджиму

Напрямки:
a) У каструлі на 2 літри на сильному вогні доведіть до кипіння одну літру води. Додайте горошок. Готуйте приблизно 4 хвилини або до готовності; не переварити. Злити та промити холодною водою.

b) Помістіть дикий рис у велику миску. Додайте горох, козячий сир, петрушку, естрагон і цибулю-шніт. Злегка перемішати.

c) У чашці збийте разом лимонний сік і оливкову олію. Полийте салат.

d) Зменшіть вогонь до мінімуму, накрийте сковороду кришкою і варіть 10-15 хвилин або поки вона не стане м'якою, але не стане кашкою. Злийте залишки рідини. Розпушити виделкою, щоб відокремити крупинки. Дайте охолонути перед з'єднанням у салат.

98. Фруктовий салат «Мятий дикий рис».

Робить: 4 порції

Інгредієнти:
- ¼ чайної ложки солі
- 6 унцій дикого рису; сирі
- ⅓ склянки м'яти; подрібнений
- ¼ склянки йогурту
- 2 столові ложки апельсинового соку
- 1½ склянки полуниці; нарізаний
- 2 середніх ківі
- 1 чашка мандаринів

Напрямки:
- У середній каструлі доведіть до кипіння 2 склянки води та сіль; додати дикий рис. Зменшіть вогонь до мінімуму; кип'ятіть 15 хвилин, поки дикий рис не стане прозорим. У кухонному комбайні або блендері з'єднайте м'яту, йогурт і сік, подрібніть до однорідного стану. Відкласти.
- Відкладіть шість скибочок полуниці та три скибочки ківі для прикраси. У великій мисці для подачі змішайте решту полуниці, решту ківі та часточки мандарина. Залийте фруктову суміш йогуртовим соусом; кинути на пальто. Додайте варений дикий рис; обережно перемішайте, щоб добре перемішати.
- Прикрасьте відкладеними шматочками полуниці та ківі. Поставте в холодильник під кришкою на 1-2 години до повного охолодження.

99. <u>М'ятний апельсин і салат з дикого рису</u>

Робить: 6 порцій

Інгредієнти:
- 3 великих апельсина
- 1 стакан дитячої моркви; тонко нарізані
- 2 чашки вареного дикого рису; пшоно або ін
- 6 стебел селери; тонко нарізані
- ¼ склянки медово-гірчична заправка
- 3 столові ложки свіжого соку лайма
- ¼ склянки подрібненої свіжої м'яти
- Листя салату ромен або інший

Напрямки:

a) З'єднайте всі інгредієнти, крім листя салату, у мисці для подачі.

b) Подавайте салат на листі салату або наріжте листя салату та змішайте з салатом перед подачею.

100. з дикого рису та креветок

Робить: 4 порції
Інгредієнти:
- 1 склянка вареного дикого рису
- ½ фунта креветок; приготований; у кубиках розміром 1/2 дюйма
- ½ склянки свіжого коріандру; дрібно нарізати
- ¼ склянки свіжої цибулі чи зеленої цибулі
- 1 перець халапеньо; фарш
- 1 зубчик часнику; фарш
- 1 чайна ложка солі
- ½ чайної ложки Чорний перець
- 3 столові ложки соку лайма
- 1 столова ложка меду
- 1 столова ложка соєвого соусу
- 2 столові ложки оливкової олії

Напрямки:
a) Для заправки змішайте халапеньо, часник, сіль, перець, сік лайма, мед, соєвий соус і оливкову олію. Обережно перемішайте з диким рисом.
b) Відрегулюйте приправи за смаком.

ВИСНОВОК

Ми сподіваємося, що ця кулінарна книга надихнула вас дослідити численні смачні та поживні властивості дикого рису. Від унікального смаку та текстури до універсальності в якості інгредієнта, дикий рис справді дивовижне зерно.

Незалежно від того, використовуєте ви його в класичних стравах, як-от суп із дикого рису, чи експериментуєте з новими креативними рецептами, дикий рис обов'язково додасть вашій їжі смачний і ситний елемент. Отже, наступного разу, коли ви шукатимете ароматний і поживний інгредієнт, потягніться до дикого рису та дозвольте своїй творчості взяти верх.

Дякуємо, що приєдналися до нас у цій кулінарній пригоді та щасливого приготування!

www.ingramcontent.com/pod-product-compliance
Lightning Source LLC
Chambersburg PA
CBHW070351120526
44590CB00014B/1096